미래창조코칭리더십

Future Creation Coaching Leadership

미래창조코칭리더십

초판 1쇄 인쇄 · 2018년 12월 01일
초판 1쇄 발행 · 2018년 12월 05일

지은이 · 최강석 · 강종우
프로듀서 · 유광선
발행인 · 유광선
발행처 · 한국평생교육원
편 집 · 장운갑
디자인 · 이종헌

주 소 · (대전) 대전광역시 유성구 도안대로589번길 13 2층
　　　　　(서울) 서울시 서초구 반포대로 14길 30(센츄리 1차오피스텔 1107호)
전 화 · (대전) 042-533-9333 / (서울) 02-597-2228
팩 스 · (대전) 0505-403-3331 / (서울) 02-597-2229

등록번호 · 제2015-30호
이메일 · klec2228@gmail.com

ISBN 979-11-88393-10-7 (13370)
책값은 책표지 뒤에 있습니다.
잘못되거나 파본된 책은 구입하신 서점에서 교환해 드립니다.

이 도서의 국립중앙도서관 출판예정도서목록(CIP)은 서지정보유통지원시스템 홈페이지
(http://seoji.nl.go.kr)와 국가자료공동목록시스템(http://www.nl.go.kr/kolisnet)에서 이
용하실 수 있습니다.(CIP제어번호: CIP2018037594)

미래창조 코칭리더십

Future Creation
Coaching Leadership

최강석, 강종우 지음
프로듀서 **유광선**

ICA 국제코치연합 International Coach Alliance | WILD 와일드북

- '미래창조코칭(Future Creation Coaching)'은 고객이 진정으로 원하는 미래를 스스로 만들 수 있도록 돕는 코칭입니다.

- '미래창조코칭은 '미래창조코칭리더십(20시간)'과 '미래창조코칭 심화과정(40시간), 심화통합과정(40시간)'으로 구성되어 있습니다.

- '미래창조코칭리더십(Future Creation Coaching Leaderhip)'은 미래창조코칭 기법을 활용하여 리더십을 발휘하는 것을 의미합니다.

- '본 과정은 미래창조코칭 심화과정을 수강하기 전 기초적인 코칭 역량을 형성하거나, 조직의 리더, 교사, 부모, 컨설턴트, 상담가 등의 역할을 하는 사람들이 자신의 역할 수행 시 효과성을 높이는 데에 도움이 됩니다.

과정 개요

과정 명칭: 미래창조코칭리더십
소요 시간: 20시간

과정 목표:
— 전문적인 코칭에 대해 이해하고 다른 사람을 이해시킬 수 있다.
— 1대1 개인 코칭을 할 수 있다.
— 국제코치연합의 CAC 인증을 위한 역량을 형성한다.

진행 방법:
— 이론 강의 및 실습을 통한 체득

장비 및 도구:
— 강의 교재, 동영상 자료, 음악(BGM), 실습용 양식지(부록)
— PC, 시계와 타이머, 빔 프로젝터(또는 대형 TV), 오디오 시스템
— 플립챠트(또는 전지), 마커 펜, Post-it, A4 이면지

소속 및 이름

현재 기분 및 감정

과정에 임하는 나의 의도 및 요청

나는 과정을 통해서 (   )를 얻는다.

나는 과정을 통해서 (   )게 변한다.

함께 과정에 참여한 사람들에 대해 메모해 보세요~

코칭 세계에 오신 여러분, 환영합니다!

코칭은 개인의 성장과 행복, 조직의 성과향상을 돕는 금세기 최고의 인재계발 방법이며, 답이 없는 시대에 대안을 찾아내는 문제해결법인 동시에, 21세기 인류가 익혀야 할 필수 역량이라고 할 수 있습니다. 특히 전 세계가 제4차 산업혁명의 큰 물결을 타기 시작한 현재와 미래에는 선배의 발자취를 좇거나 타인의 의견대로 사는 것이 아니라 자기 내면의 소리에 따라 그 누구도 가지 않은 길을 가보며 도전정신과 창의성을 발휘할 때 삶에서의 질적, 양적 만족과 조직의 성과도 창출될 수 있습니다.

여러분이 조직의 리더라면, 구성원의 자발적인 참여와 잠재력을 끌어내어 조직의 성과를 향상시키고 싶을 것입니다. 이럴 때 코칭기법은 유효하며 그 효과는 증대될 것입니다. 탑 리더가 될수록 고독과 외로움은 커지게 마련이며 만일 평정심을 잃었을 경우에는 조직에 큰 손실이 생기거나 모처럼 찾아온 기회를 놓칠 수도 있습니다. 바로 이런 경우 코치의 도움은 천군만마를 얻은 듯 힘이 되어줄 것입니다. 때문에 구글의 에릭 슈미트 회장이나 애플의 스티브 잡스 등의 탑 리더들이 코치와 함께했던 것입니다.

리더로서 필요한 코칭역량을 개발하고 더불어 외부 전문 코치의 코칭을 받는다면 여러분의 리더십과 비즈니스 성과는 새로운 단계로 올라설 것입니다. 주저하지 말고 주위 사람들에게 털어놓기 힘든 고민을 코치와 함께하기 바랍니다.

만일 여러분이 강사나 교수라면, 학습자의 참여와 잠재력을 끌어내어 학습 성과를 올리고자 할 것입니다.

이제 한 방향 교육의 시대는 막을 내렸습니다. 뿐만 아니라 단순 정보 및 지식 전달을 위한 교육은 온라인 교육으로 대체되었습니다. 따라서 학습자에게 질문과 경청을 활용한 양방향 학습을 제공할 때 자신의 존재 이유가 성립하며, 학습효과 또한 극대화될 것입니다. 부수적으로는 강의수입 외에 개인 코칭을 통한 추가 수입의 기회가 발생할 것입니다.

자녀를 키우는 부모라면, 자녀들이 자신의 미래를 스스로 개척해 나가고 미래사회에서 보다 풍요롭고 행복한 삶을 살기를 바랄 것입니다.

세상은 하루가 다르게 급속도로 변화되고 있거니와 이제 우리 자녀들이 사회생활을 할 미래가 어떻게 펼쳐지고 어떤 직업이 각광받을지 추측하기 어렵습니다.

그리하여 자녀 스스로 문제를 해결하는 능력과 어느 곳에서든 사람들과 함께 효과적으로 일할 수 있는 대인관계능력은 물론 사람들에게 좋은 영향력을 발휘할 수 있는 리더십 능력을 개발하도록 도와주어야 할 것입니다. 이런 이유로 부모 또한 필수적으로 코칭을 배워야 할 것입니다.

자녀의 말을 경청하고 그 마음을 공감해 주며 스스로 생각하는 힘이 생기도록 적절한 질문을 해줄 수 있다면 자녀와의 관계는 더욱 돈독해지고 자녀 역시 스스로 해결하는 능력을 지니게 될 것입니다.

나아가 그 자녀가 코칭을 익힌다면 문제해결능력과 대인관계능력이 증대되어, 살아가면서 부딪히는 문제들을 스스로 헤쳐 나가게 됩니다.

여러분이 퇴직자이거나 퇴직을 앞두고 있다면 이제 새로운 인생 2막은 더욱 보람차고 풍요로운 삶이 되기를 바랄 것입니다. 그러나 바야흐로 평균수명 100세 시대에 진입했음에도 불구하고 로봇과 인공지능의 발달 및 여타 여건으로 인하여 퇴직 후 안정된 일자리를 구하기 어려운 것이 현실입니다.

코칭은 인간의 감성과 직관이 중요한 분야이며, 자아실현의 욕구가 더할 나위 없이 증폭되는 현재 및 미래에 가장 적합한 분야라고 할 것입니다. 더구나 경력이 쌓이고 삶의 지혜가 더해갈수록 코칭 능력과 코치로서의 가치는 높아지며, 비록 거동이 불편하다 해도 가능한 일이기 때문에 100세 시대의 평생 직업으로써 최고의 안식처라 할 만합니다.

불확실의 시대, 스스로 미래를 만들어가는 것이 최선의 대안이며 답일 것입니다.

국제코치연합은 코치 양성, 코치 인증, 코칭비즈니스를 통합적으로 운용해 여러분과 함께 행복을 추구하며 본서는 그 지침서라 할 것입니다.

불확실의 시대에는 스스로 미래를 만들어가는 것이 최선의 대안입니다.

국제코치연합은 코치 양성, 코치 인증, 코칭비즈니스를 통합적으로 제공하는 차별화된 강점이 있습니다. 본서는 코칭의 기본과정인 '미래창조코칭리더십'의 공식 교재로써 여러분의 코칭 여정 시작을 돕는 지침서가 될 것입니다.

저자 일동

국제코치로 성장하는 첫걸음
미래창조코칭리더십

코칭을 처음 접하시는 분들이 코칭의 기초역량을 빠르고 효과적으로 습득할 수 있도록 만들어진 코칭의 입문 과정입니다.
국제수준의 코칭훈련기법과 10년 이상의 Know-How를 바탕으로 개발되었습니다.

예비전문코치의 입문 과정으로서뿐만 아니라 리더들의 코칭리더십 역량강화와 면담기법을 체득하는 데 빠르고 효과적이어서
비즈니스나 자신의 삶의 영역에서 곧바로 코칭 대화의 힘을 발휘하게 될 것입니다.

> 자격종류: 민간자격등록
> 자격명: 국제라이프코치, CPC, CAC, CAMC
> 등록번호: 제 2017-000359호
> 발급기관: (주)국제코치연합

COACH 대화 모델

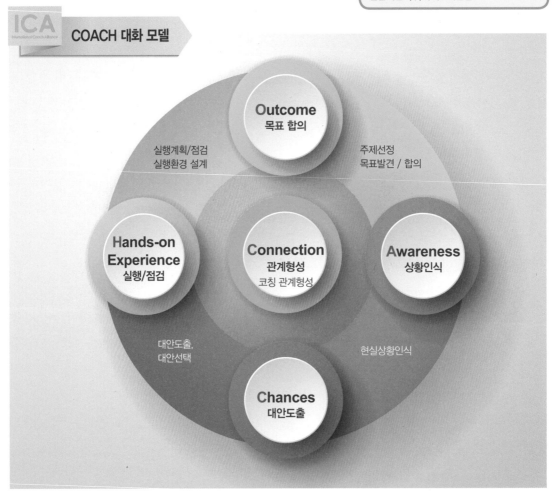

ICA International Coach Alliance

- **Outcome** 목표 합의
- **Hands-on Experience** 실행/점검
- **Connection** 관계형성 / 코칭 관계형성
- **Awareness** 상황인식
- **Chances** 대안도출

실행계획/점검
실행환경 설계

주제선정
목표발견 / 합의

대안도출,
대안선택

현실상황인식

과정 대상

국제코치로서 활동을 시작하고 싶은 분, 국제코치연합 CAC 인증을 받고자 하는 분
조직의 리더, 경영자, 임원, 인사 담당자, 교사, 교육자, 부모, 컨설턴트, 상담가
공무원, 비영리 단체 종사자, 자신의 변화와 성장을 원하는 분

과정 특징

- 교육과 인증을 한 번에 해결할 수 있는 국제코치 입문과정
- 코칭 역량을 빠르고 효과적으로 습득할 수 있도록 구성
- 국제수준의 코칭훈련기법 및 10년 이상의 Know-How로 개발
- 상호실습 지원, 수퍼비전, 코칭 실습과 피드백으로 코칭 실력 향상
- 국제코치연합 CAC 인증 취득을 위한 과정

과정 모듈

	주제	내용
Module 1	코칭과 코칭리더십	코칭의 정의 및 철학, 코칭 효과 코칭리더십 이해
Module 2	인정과 칭찬	인정과 칭찬이란? 인정과 칭찬의 요령 강점 인정하기
Module 3	코칭의 경청기술	경청의 메커니즘, 상대중심적 경청과 EDIT 공감 경청
Module 4	코칭 질문기술	강력한 질문, 질문의 효과, 질문의 종류 효과적인 질문 요령
Module 5	코칭 대화 모델	COACH 모델 이해 Connection / Outcome / Awareness / Chances / Hands-on experience
Module 6	코칭 툴	코칭 동의서, Balance Wheel, 코칭 준비 양식
Module 7	종합실습과 피드백	코칭 보고서, 피드백 요령, 종합 실습
Module 8	인증코치 되기	코칭 윤리, 코칭 역량, 코치 인증

과정 소감

"코칭 프로세스를 빠르고 쉽게 익힐 수 있도록 해 주셔서 자신감이 생겼습니다. 앞으로 더 깊고 차근차근 코칭 단계를 밟아서 프로코치가 되고 싶은 목표도 발견했습니다. 공부가 이렇게 신나고 재밌는 건 평생 처음 경험해 봅니다."
— B 중학교 교사 김OO

"함께 코칭을 배우는 분들이 정말 열정적이시고 삶을 아름답게 살고 있어서 감동하고 자극을 많이 받았습니다. 앞으로 이분들과 함께 무언가를 이루어 나갈 생각을 하니 가슴이 두근두근거립니다. 정말 같이하면 가치가 오른다는 말이 마음에 와 닿습니다."
— H 공기업 부장 박OO

"무언가 새로 시작하기에 너무 늦은 게 아닌가 주저하고 있을 때 국제코치연합을 만나고 코칭이란 걸 처음 배우면서 나도 하고 싶다는 욕구가 생겨나고 함께 공부한 분들과 모임을 만들어 지속적으로 이어갈 수 있는 게 정말 힘이 납니다."
— K 상담센터 홍OO

차례 CONTENTS

과정 목표와 사전 점검

No.	내용	1	2	3	4	5
1	코칭에 대해 자신의 말로 정의할 수 있다.					
2	코칭철학에 대해 자신의 말로 설명할 수 있다.					
3	멘토링, 컨설팅, 카운셀링, 티칭 등과 코칭을 구별할 수 있다.					
4	코칭리더십을 자신의 말로 설명할 수 있다.					
5	상대중심적 경청을 할 수 있다.					
6	자신과 상대의 감정, 욕구, 의도를 파악할 수 있다.					
7	판단과 사실을 구별할 수 있다.					
8	약점 뒤의 강점을 발견할 수 있다.					
9	효과적인 질문 요령을 5가지 이상 안다.					
10	COACH 대화 모델을 설명할 수 있다.					
11	COACH 대화 모델을 활용한 코칭 대화를 할 수 있다.					
12	이슈발견 코칭툴을 활용할 수 있다.					
13	인정과 칭찬의 차이를 안다.					
14	인정과 칭찬의 시기와 요령을 알고 활용할 수 있다.					
15	코칭윤리를 이해한다.					
16	코칭의 핵심역량을 이해한다.					
17	코칭보고서를 작성할 수 있다.					
18	코칭 피드백지를 작성하고 피드백할 수 있다.					
19	10분간의 1대1 코칭 대화를 자신 있게 할 수 있다.					
20	코칭 역량개발 및 자격취득 계획을 가지고 있다.					
계						

코칭과 코칭리더십

코칭이란
코칭 철학
코칭 효과
코칭리더십

미래에는 코치가 아닌 사람은
승진되지 못할 것이다.
코치인 관리자가 표준이 될 것이다.

"In the future,
people who are not coaches
will not be promoted.
Managers who are coaches
will be the norm."

- Jack Welch -

일반적인 대화 vs. 코칭 대화 ❶

A : 요즘 고민이 뭐예요?
　　책 읽어 봤어요?
　　다른 것 해본 것은?
　　(상대의 문제점 지적)
　　(상대에게 충고와 한 수 가르쳐 줌)

B : A의 질문에 답변하고 대화를 해본다.
　　(대화하면서 자신의 기분을 느껴 본다.)

◆ 이 대화의 예를 보고 어떤 느낌을 받았습니까?

◆ A는 상대방을 어떻게 보고 있다고 생각됩니까?

일반적인 대화 vs. 코칭 대화 ❷

A : 오늘 컨디션 어때요?
　　이루고 싶거나 해결하고 싶은 것이 있다면?
　　현실 상황은 어떤가요?
　　그럼에도 불구하고 이룰 수 있는 대안이 있다면?
　　또? X 3
　　먼저 실행해 보고 싶은 것은?
　　(질문 후 경청하고 요약해서 확인한다.)

B : A의 질문에 답변하고 대화를 해본다
　　(대화하면서 자신의 기분을 느껴 본다.)

◆ 이 대화의 예를 보고 어떤 느낌을 받았습니까?

◆ A는 상대방을 어떻게 보고 있다고 생각됩니까?

ICA 국제코치연합 International Coach Alliance

코칭을 자신의 말로 정의한다면

"코칭이란 …이다!"

코칭의 반대는

코칭의 긍정적 효과

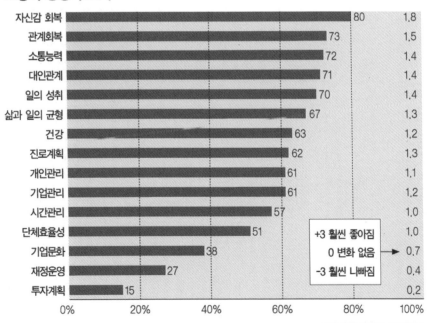

항목	비율	수치
자신감 회복	80	1.8
관계회복	73	1.5
소통능력	72	1.4
대인관계	71	1.4
일의 성취	70	1.4
삶과 일의 균형	67	1.3
건강	63	1.2
진로계획	62	1.3
개인관리	61	1.1
기업관리	61	1.2
시간관리	57	1.0
단체효율성	51	1.0
기업문화	38	0.7
재정운영	27	0.4
투자계획	15	0.2

+3 훨씬 좋아짐
0 변화 없음 →
-3 훨씬 나빠짐

0% 20% 40% 60% 80% 100%

자료: ICF 2009년 연구보고서

코칭의 효과와 ROI

- 코칭은 **리더의 영향력**을 **강화**한다.
- 조직 내 **효과 발휘**를 **가속화**한다.
- 전반적인 **직업 만족도**를 **제고**한다.
- **이직률**을 **감소**시킨다.

코칭은 기업이 소속원 개발에 활용할 수 있는 주요 도구 중 하나로, 특히 임원 수준에서 효과적이다.

연구조사에 따르면, 교육만으로도 생산성을 22% 향상시킬 수 있지만, **교육과 코칭을 함께 활용할 때의 생산성은 88%나 제고**된다.

>> Andrew W. Talkington, Business Magazine Chemistry Section, 2002. 11.

Fortune 100 Company Executive 코칭 적용 조사 결과 1,825% ROI 투자회수율 검증

Dr. Sherman Severin

ICF Coaching Research Symposium, 2003

2003 ICF Coaching Research Symposium 발표

ROI in Executive Coaching Using Total Factor Productivity

C. Sherman Severin

"Count what is countable, measure what is measurable, and what is not make measurable." —Galileo

"If you can measure that of which you can speak, you know something of o if you cannot measure it, your knowledge is meager and unsatisfactory."

"What gets done must be measured." —Coaching Maxim

Abstract

FutureLearn Institute Research, a Division of FutureLearn Institute, estimates that Executive Coaching had an estimated $12 billion impact on improving bottom line Fortune 500 business results in 2002. The myriad positive anecdotal results of executive coaching are partly responsible for the explosion of Fortune 500 corporate investments in the coaching process for leadership development. However, the plural of anecdote is *not* data in the research perspective. However, as the coaching industry seeks to be more rigorous in its return on investment evaluations, it must fully appreciate the fundamental limitations of not operating in a scientific environment. We are dealing with "pesky" variables (human beings) that can exist in multiple states; we do not have a closed system for isolating effects or finding confounding variables; and we do not have a reason to practice "falsifiability of hypothesis," in a way that would please Karl Popper. In companion with our preference for a rigorous and scientific approach to ROI to produce credible data, it is extremely important that the results-oriented approach (credibility) focus, with its tremendous emotional appeal, be initially favored over false accuracy. We can expect to be confronted with a choice between a complex evaluation process, with elliptical variables and a less rigorous, but very credible process that is easily correlated to business operations.

This poster first presents data that clearly show the quantitative effects of coaching executive-selling sales teams at a Fortune 100 company who are selling to senior executives. Within this example, whether it is difficult or not to isolate and then correlate the effects of coaching and training, the emotional appeal of a 385% to 1825% net ROI is enough to drive management to expand the project. Secondly, the success and the limitations of applying this first-order effect analysis to determine ROI in coaching for leadership development in a utility and a manufacturing company are delineated. Thirdly, we suggest that our Total Factor Productivity model with issues of dynamic scoring may produce credible ROI data in evaluating impacts of executive coaching.

ICA 국제코치연합 International Coach Alliance

모든 유명한 선수, 연주자는 코치가 있다.
사람들이 결코 잘하기 힘든 것 하나는
다른 사람들이 보는 것처럼 자기자신을 보는 것이다.
코치는 정말 도움이 된다.

"Every famous athlete, every famous performer has somebody who's a coach.
The one thing people are never good at is
seeing themselves as others see them.
A coach really, really helps."
— **Eric Schmidt** (Google CEO) —

코칭을 자신의 일이나 삶에서 적극적으로 활용한다면 어떻게 할 수 있을까?

적극적으로 활용하면 어떤 유익과 긍정적인 파급효과가 있을까?

코칭의 정의

코칭은
코치와 코칭을 받는 사람이 파트너를 이루어,
고객이 스스로 목표를 설정하고 효과적으로 달성하며,
성장할 수 있도록 지원하는 과정이다.
— ICA 국제코치연합 —

코칭의 정의

코칭은 고객이 그들의 개인적, 직업적 잠재력을
극대화할 수 있도록 고무하는 창의적 절차와 생각을
끄집어내는 활동 속에서 그들과 파트너가 되는 것이다.

Coaching is partnering with clients in a thought-provoking and creative process
that inspires them to maximize their personal and professional potential.

– ICF 국제코치연맹 –

코칭의 철학 – ICA 국제코치연합

1. 우리는 사람들이 창의적이고 자원이 있으며 온전하다고 믿습니다.
   (We believe that people are Creative, Resourceful, and Whole.)

2. 우리는 사람들이 자신의 삶과 일에서 전문가라고 믿습니다.
   (We believe that People are experts in his/her life and work.)

3. 우리는 우리의 외부세계가 우리의 내면세계와 상응한다고 믿습니다.
   (We believe that our outer world Correspond with our inner world.)

4. 우리는 실패는 없고 피드백만 있다고 믿습니다.
   (We believe that there is no failure, only Feedback.)

5. 우리는 사람들의 세계모형을 존중합니다.
   (We Respect for people's model of the world.)

코칭의 철학

코칭은
고객을 자신의 삶과 일에서 전문가로 존중하며,
모든 고객은 창의적이고, 자원이 있으며, 온전하다고 믿습니다.

Coaching honors the client
as the expert in his/her life and work and believes that
every client is **Creative**, **Resourceful**, and **Whole**.

− ICF 국제코치연맹 −

코칭과 다른 전문영역의 비교

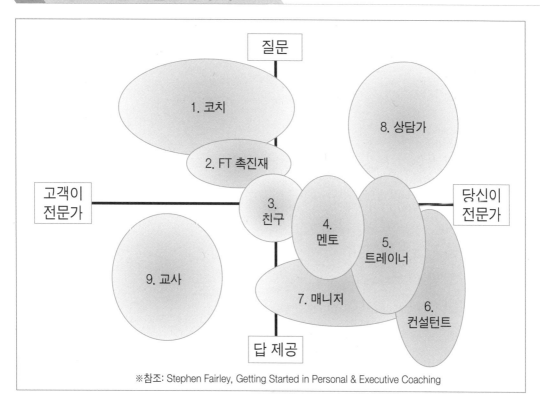

※참조: Stephen Fairley, Getting Started in Personal & Executive Coaching

기업에서의 코칭-상담-멘토링-컨설팅

〈표〉 기업에서 코칭-상담-멘토링-컨설팅 간 차이점 : 일반적으로 기업에서 실시되는 형태를 중심으로

차이점 분야	코칭	상담	멘토링	컨설팅
주된 목적	개인/조직의 변화 촉진	개인의 이슈 해결	개인의 지도/지원	조직의 해결책 제공
해답의 근원	대상자 본인	대상자 본인	멘토	컨설턴트
대화의 초점	미래/현재의 행동과 결과	과거의 경험과 감정	멘토의 과거 경험과 대상자의 현재 행동/결과	과거/현재의 행동과 결과
실시 장소 실시 기간	On-Site 실행과정 중 코치 동반	Off-Site 실행과정 중 상담자 없음	On-Site 실행과정 중 멘토 동반	On-Site/Off-Site 실행과정 중 컨설턴트 없음
주요 대상자	흔히 high performer 개인	흔히 low performer 개인	개인	조직
주재자의 전문자격과 대상자 분야관련 지식	코칭 자격증 선택 업무분야 지식 선택	심리자격증은 필수 업무분야 지식 N/A	전문자격증 N/A 업무분야 지식 필수	전문자격증 N/A 업무분야 지식 필수
개인 대화내용에 대한 조직 내의기밀 보장	계약에 따른 개인의 기밀 보장	법에 따른 개인의 기밀 보장	없음	해당 사항 있는 경우, 계약에 따른 보장

N/A: Not Application('해당 없음' 의미) ※출처: LG Business Insight 2009.6.3.

코칭의 분류

- **코칭영역에 따라**
  - 비즈니스코칭(Business Coaching)
  - 라이프코칭(Life Coaching)

- **코칭 비용 지불주체에 따라**
  - 기업코칭(Corporate Coaching)
  - 개인코칭(Personal Coach)

리더십?

코칭리더십?

상대 무시	➡	상대 존중
내 스타일	➡	상대 스타일
말하기 중심	➡	경청 중심
나의 답	➡	상대의 답
분리감	➡	함께함

코칭리더십의 구성요소

정리와 나누기

• 어떤 것이 좋았습니까?

• 느낀 점, 새롭게 인식된 것, 정리된 생각은 무엇입니까?

• 앞으로 1주일 내에 새롭게 시도해 보고 싶은 행동계획은?

ICA 국제코치연합
International Coach Alliance

인정과 칭찬

인정과 칭찬이란
인정과 칭찬의 요령
강점 인정하기

"우리들은 누구나 다 '칭찬'이라는 사랑스러운 말을 들음
으로써 무엇인가를 할 마음이 우러나게 된다"

— 키케로(Marcus T. Cicero, 로마시대 정치가, 철학자) —

"칭찬 한마디 듣는 걸로 나는 두 달을 살 수 있다."

— 마크 트웨인(Mark Twain, 미국의 소설가) —

인정과 칭찬

- 자신이 들었던 마음에 남는 칭찬은?

- 무엇에 대해 어떤 칭찬을 주로 듣고 싶은가?

- 자신의 어떤 점을 인정받고 싶은가?

- 인정받았던 경험은?

- 인정과 칭찬이 자신에게 어떤 영향을 주었는가?

인정과 칭찬

- 인정과 칭찬을 활용해서 잘되었든 사례는?

- 언제, 무엇에 대해, 어떻게 인정/칭찬했는가?

- 상대의 반응, 파급효과는?

직원 사기 진작 요인

경영자
1. 높은 임금
2. 안정된 일자리
3. 승진
4. 근무환경
5. 흥미 있는 업무
6. 경영진의 연속성
7. 교육 훈련
8. 칭찬과 격려
9. 상사의 이해심
10. 회사 일에 참여

직원
1. 칭찬과 격려
2. 상사의 이해심
3. 회사 일에 참여
4. 안정된 일자리
5. 높은 임금
6. 흥미있는 업무
7. 승진
8. 경영진의 연속성
9. 근무 환경
10. 교육 훈련

* 미국 글렌토브 & associates 조사

조직에서 듣고 싶은 말

- 1위: 수고했어! 정말 잘했어! (37%)
- 2위: 역시 당신이야! 자네가 한 일이니 틀림없겠지! (25%)
- 3위: 일 없으면 일찍 퇴근해! 빨리 집에 안 가고 뭐 하나?(18%)
- 4위: 요즘 많이 힘들지? (15%)
- 5위: 우리 함께 해보자! (5%)

— 현대상선 직원조사

칭찬하기

· 언제?
  - 고객이 원하던 것을 얻거나 이루었을 때
  - 매력적이라고 생각되는 것을 입거나 가졌을 때
  - 관계형성을 위해 필요할 때

· 무엇을?
  - 자신이 생각했을 때
  - 긍정적인, 매력적인, 인상 깊은, 감동적인 어떤 것
  - 주로 having

· 어떻게?
  - 자신이 동의되는 것을 발견하고
  - 그것에 대해 언급한다
  - 즉흥적으로

인정하기

· 언제?
  - 위험을 무릅쓰고 도전할 때
  - 새로운 시도와 노력을 할 때
  - 어떤 것을 실행했을 때
  - 어려움을 만났거나 에너지가 필요할 때

· 무엇을?
  - 강점, 자질, 탁월함
  - 새로운 모습
  - 성장, 긍정적 행동

· 어떻게?
  - 고객의 자질을 발견하고
  - 어떤 식으로 나타나는지를 이해하여
  - 말로써 표현한다
  - 칭찬보다 더 진정성이 요구됨

인정과 칭찬

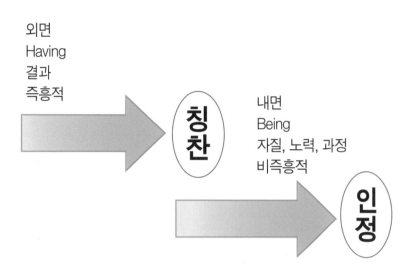

외면
Having
결과
즉흥적

칭찬

내면
Being
자질, 노력, 과정
비즉흥적

인정

칭찬 받아들이기

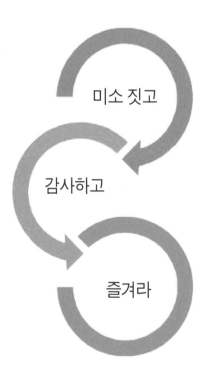

미소 짓고

감사하고

즐겨라

— 약점을 뒤집으면 강점이 보인다 —

약점	강점
잔머리 잘 굴린다는 소리를 들어요.	
매사에 우유부단해서 문제예요.	
사람들의 부탁을 거절하지 못해요.	
남들이 고집불통이래요.	
하고 싶은 게 많아서 탈이에요.	
제가 너무 허황된 생각을 많이 한대요.	
종종 차갑다는 소리를 많이 들어요.	
오지랖이 넓고 참견을 잘한다고들 해요.	
좀 신경질적이고 불만이 많은 편이래요.	
시작은 잘하는데 얼마 못 가요.	

강점 인정하기 — 강점 인터뷰

4명의 사람을 만나서, 자신을 볼 때
직감적으로 떠오르는 강점 3개씩을 말해달라고 한다.
5번째 줄에는 자신이 끌리는 탁월한 자질을 3가지 적는다.

"저를 보면 직감적으로 느껴지는 강점 3개를 말씀해 주십시오."

구분	가	나	다
1			
2			
3			
4			
5			

※ 주의사항:
• 반드시 상대가 말해 준 것을 듣고 적습니다. (바꿔 적기 불가)
• 상대의 내면의 강점이나 탁월함에 관한 긍정적인 단어를 말합니다.

창의성, 독창성, 호기심, 배움(배우기를 좋아함), 용서, 자비, 균형감,

지혜, 통찰력, 공정, 공평, 영성, 목적의식, 판단력, 결단력, 실천력,

포용력, 의리, 평가, 비판적 사고, 긍정적 태도, 열린 마음, 희망,

낙관주의, 리더십, 용기, 용맹, 사랑(사랑하고 사랑받는 능력),

시민의식, 팀워크, 충성심, 감사, 열정, 열의, 에너지, 친절, 너그러움,

자기관리, 자기규제, 사교성, 사회적 지능, 감탄, 조심, 신중함, 솔직함,

진실성, 진술함, 유머, 익살, 근면, 성실, 인내, 겸손, 프로정신

◆ 가장 선호하는 3가지 단어를 적고 본인이 읽습니다.

> 나(   )는/은 (   ), (   ), (   )이/가
> 탁월한 리더입니다.

◆ 파트너가 선택한 3가지 단어를 괄호에 넣고
  파트너에게 읽어줍니다.

> (   ), (   ), (   )가/이
> 탁월한 리더를 만나서 반갑습니다.
> (   )님의 (   ), (   ), (   )가/이
> 더 깊어지고, 계속 성장할 것으로 알고 있습니다.
> 또한, 앞으로 그 (   ), (   ), (   )가/이
> 더 좋고 더 큰 영향력을 미칠 것으로 기대합니다.

* 참조: 파워 체인지, Dr. Paul Jeong

강점과 가능성 찾기

◆ 구성원의 강점과 가능성을 찾아보자

이름	강점	잘하고 있는 점	개발할 점(가능성)	고마운 점

자신의 인정과 칭찬 계획

• 먼저 자신에게 인정/칭찬한다면?

• 앞으로 누구를 인정/칭찬하고 싶은가?

• 무엇을 인정/칭찬하고 싶은가?

• 하루에 몇 번 인정/칭찬하겠는가?

　― 일터에서:

　― 가정에서:

　― 자신에게:

• 인정/칭찬을 생활화한다면 어떤 효과가 있을까?

　― 일터에서:

　― 가정에서:

　― 자신에게:

- 어떤 것이 좋았습니까?

- 느낀 점, 새롭게 인식된 것, 정리된 생각은 무엇입니까?

- 앞으로 1주일 내에 새롭게 시도해 보고 싶은 행동계획은?

'코칭을 받지 않은 사람은
결코 자신의 능력을 극대화할 수 없다는 것을
나는 전적으로 믿습니다.'

"I absolutely believe that people,
unless coached,
never reach their maximum capabilities."

— **Bob Nardelli**(CEO, Home Depot) —

코칭
경청기술

경청의 메커니즘
상대중심적 경청
EDIT 공감경청

경청하는 마음을 재능으로 주소서.
Give me the gift of a listening heart.

– Solomon –

듣기를 원해야 들을 수 있다.
Listening is wanting to hear.

– Jim Cathcart –

경청이 힘든 이유는 무엇일까?

- 같은 메시지에 대해 말하는 사람과 듣는 사람의 해석은 서로 다르다.
- '생각이 같아야 한다', '당연히 나처럼 생각하겠지'라고 주장할 때 갈등의 원인이 된다.
- 새 경험, 새 학습을 하면 새로운 뉴런 네트워크가 형성된다.

한 사람의 뇌 속에는 대략 1,000억 개 정도의 뇌 신경세포(뉴런)가 들어 있으며, 이 신경세포의 말단에서 다른 신경세포와 신호를 주고받는 부위인 시냅스가 약 100조 개 있다.

시냅스 간의 연결은 학습, 경험, 생각의 결과물로 형성되거나 변경되며, 새로운 학습, 경험, 생각으로 바뀔 수 있다. 이것을 시냅스 가소성이라 한다.

이러한 약 100조 개의 시냅스가 서로 연결되어 방대한 뉴런 네트워크를 형성하고 있고, 따라서 뉴런 네트워크 형태의 다양성은 거의 무한하다고 볼 수 있다.

또한, 자신의 뉴런 네트워크와 똑같은 사람은 있을 수 없으며, 같은 현상을 보거나 듣고도 생각이 저마다 다른 이유는 뉴런 네트워크가 서로 다르기 때문이라고 볼 수 있다.

코칭을 통해 새 의식, 새 감정, 새 행동을 경험하게 되면 뉴런 네트워크는 바뀌게 되고, 이를 통해 사람은 변화, 성장, 발전할 수 있다.

경청의 방해요인

사람의 뇌는 1초에 4천억 비트(400 billion Bits) 정보 발송
보통사람은 그중 2,000비트의 정보 인식

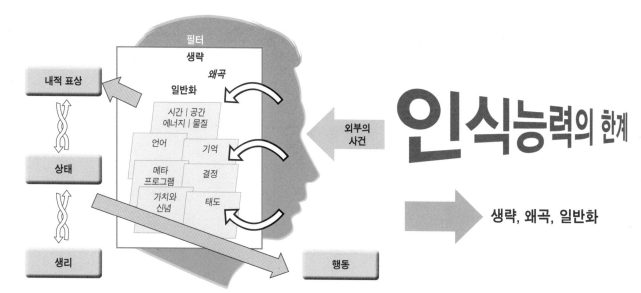

경청 훈련의 부족

우리는 주로 읽고 쓰기 위주의 훈련을 받았으며, 듣기 훈련은 7% 이하인
말의 내용 듣기에 편중되어 있었다.

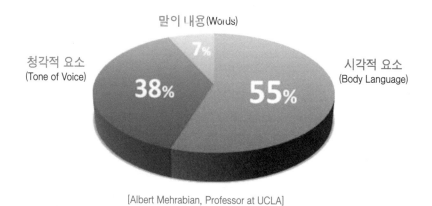

[Albert Mehrabian, Professor at UCLA]

경청의 기대효과

- 정보수집
- 신뢰형성
- 긍정적 변화
- 영향력의 증가

경청의 단계

자기중심
경청
⇒
상대중심
경청
⇒
공감
경청

상대중심적 경청

- 눈 맞추고

- 끄덕끄덕

- 키워드, 끝말

- 요약 확인

~군요.
~구나.
그럴 수도 있겠군요.
그럴 수도 있지요.

ICA 국제코치연합
International Coach Alliance

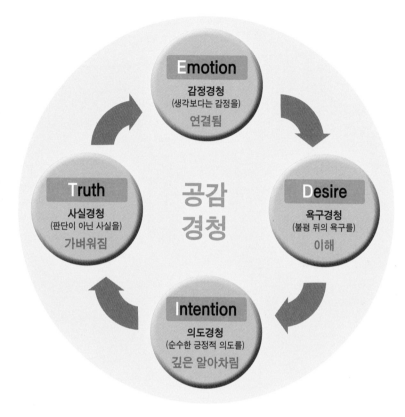

감정과 생각

- 나는 당신이 나를 사랑하지 않는다고 느껴.
- 당신이 떠나게 되어서 슬프다.
- 상사가 우리를 조종하는 것처럼 느껴져.
- 당신이 그런 말을 할 때는 겁나요.
- 당신이 인사하지 않을 때 나는 무시당한 것처럼 느껴져.
- 당신이 도와줘서 행복해요.
- 회사 동료들에게 내가 중요하지 않다고 느낀다.
- 내가 오해를 받고 있다고 느껴진다.
- 빨리 하라는 소리를 들으면 초조해요.
- 나는 (사실:)을 보니
  (감정:) 하군요.

사실을 바탕으로 자신의 감정을 솔직히 이야기하자.

욕구와 의도

- 사무실이 왜 이렇게 지저분해.
- 난 아무래도 능력이 없나 봐.
- 저런 X가지 없는 것들.
- 되는 일도 없고 세상 X같은 세상.
  오래 살면 뭐하나 빨리 죽어야지.
- 당신 오늘도 늦어요?
  요즘 연말이라고 맨날 술 먹고 늦게 들어오네.
- 인정도 못 받고, 능력발휘할 기회도 없어.
  젠장, 회사 그만둬야지.

> 불평, 불만은 욕구와 의도로 뒤집어라.

사실과 판단

- 이 대리는 회의시간에 자주 늦는다.
- 김 대리는 예의가 없다.
- 박 대리, 오늘 회의에 30분 늦었더군.
- 상우는 어제 이유 없이 내게 화를 냈다.
- 지사장은 회의시간에 나를 무시했다.
- 용준이는 회의시간에 내 의견을 묻지 않았다.
- 내 아들은 이를 자주 닦지 않는다.
- 김 대리는 나와 이야기할 때 불평을 한다.
- 이 대리는 내가 원하는 건 좀처럼 하지 않아.
- 판단:
- 사실:

> 판단이 섞인 말은 상대의 저항을 만든다.

상대중심적 경청+공감경청

- 눈 맞추고
- 끄덕끄덕
- 키워드/끝말 따라 하기
- 요약 확인

공감표현

> **감정추정**: 기분(감정)이 ~한 것 같은데, 그런가요?(맞나요?, 또는 어떠세요?)
> (예: 섭섭하셨던 것 같은데, 맞나요?)
> **욕구추정**: ~을 원하신 것 같은데, 그런가요?(맞나요?, 또는 어떠세요?)
> (예: 좀 더 배려해주기를 원하신 것 같은데, 어떠세요?)
> **감정+욕구 추정**: 기분(감정)이 ~한 것 같은데, ~때문인가요?(~가 잘 안 되어서 그러신가요?)
> (예: 답답하신 것 같은데, 생각대로 일이 잘 안 풀려서 그러신가요?)
> **욕구+감정 추정**: ~을 원했는데 잘 (안)돼서 (기분이) ~하신가요?(하시겠네요.)
> (예: 마음을 이해해주기를 바랐는데 잘 안 돼서 섭섭하시겠네요. 어떠세요?)

I-message

- 내가 보기에는…
- 내가 듣기에는…
- 내가 느끼기에는…
- 내 생각에는…
- 내가 바라는 것은…

*출처: P.E.T. : Parent Effectiveness Training
       Thomas Gordon

자주 겪게 되는 저항과 저항의 표현을 아래에 적고
그에 대응하는 공감경청과 i-message를 만들어 보자.

참고 서적

- 뱀의 뇌에게 말을 걸지 마라 - Mark Goulston M.D.
- 비폭력 대화 - Marshall B. Rosenberg
- 네 가지 질문 - Byron Katie
- FBI 행동의 심리학 - Joe Navarro

더 높은 경청 역량을 위해…

• 자신의 감정과 의도를 듣는다.
• 자신의 탁월함을 인정, 칭찬한다.
• 자기 내면의 화를 처리한다.
• 자기 내면의 인정하고 싶지 않은 그림자를 인정한다.
• 자기 내면의 그림자를 포용한다.

First, Save yourself!
자신을 먼저 경청하고
인정, 칭찬, 격려, 사랑하자!

정리와 나누기

• 어떤 것이 좋았습니까?

• 느낀 점, 새롭게 인식된 것, 정리된 생각은 무엇입니까?

• 앞으로 1주일 내에 새롭게 시도해 보고 싶은 행동계획은?

MEMO

CHAPTER 4

코칭 질문기술

강력한 질문
질문의 효과
질문의 종류
효과적인 질문 요령

'이 문제의 좋은 점은 무엇인가?'
'아직 완전하지 않은 부분은 어느 곳인가?'
'내가 할 수 있는 것은 무엇인가?'
'이 일의 해결과 성공을 위해서 내려놓을 것은 무엇인가?'
'이 과정을 통해서 즐길 수 있는 것은 무엇인가?'

Anthony Robbins 의 문제해결 질문

1. What is great about this problem?
2. What is not perfect yet?
3. What am I willing to do to make it the way I want it?
4. What am I willing to no longer do to make it the way I want it?
5. How can I enjoy the process while I do what is necessary to make it the way I want it?

GE 회장으로 승진한 잭 웰치가 구조조정을 어떻게 할 수 있을지 조언을 구하자 피터 드러커는 "만약 당신이 지금까지 하고 있던 사업을 지금 새로 시작한다고 하면, 그것을 하겠는가?(If you weren't already in this business, would you choose to get into it now?)라고 되물었다고 한다. 이 질문은 잭 웰치가 중단할 사업을 결정하는 데에 결정적인 도움을 주었다.

강력한 질문

- 우리의 사업은 무엇인가? (What is our business?)
- 고객은 누구인가? (Who is the customer?)
- 그 고객에게 가치는 무엇인가? (What is value to the customer?)
- 우리의 사업은 어떻게 될 것인가? (What will our business be?)
- 우리의 사업은 어떻게 되어야 하는가? (What should our business be?)

– Peter Drucker's 5 Question for Business

"My job is to ask questions. It's your job to provide answers."

"당신이 죽은 뒤 어떤 사람으로 기억되기를 바랍니까?"

◆ 자신이 생각하는 질문의 힘은?

◆ 일상에서 어떻게 질문을 활용해 볼 수 있을까?

질문의 힘

- 질문을 하면 답이 나온다.
- 질문은 생각을 자극한다.
- 질문을 하면 정보를 얻는다.
- 질문을 하면 통제가 된다.
- 질문은 마음을 열게 한다.
- 질문은 귀를 기울이게 한다.
- 질문에 답하면 스스로 설득이 된다.
- 질문은 조직을 변화시킨다.
  — Dorothy Leeds, 질문의 7가지 힘(원제: The 7 Powers Of Questions)

코칭질문의 효과

- 존재 노출
- 열정 일으키기
- 호기심 유발
- 힘과 가능성 끌어내기
- 새 관점, 새 인식
- 행동촉진

기적 질문 1

- 원하는 일이 기적처럼 이루어진다면 어떤 기적이었으면 좋겠습니까?
- 그것이 당신에게 중요한 이유는 무엇일까요?
- 두 번째 기적이 일어난다면 어떤 기적이었으면 좋겠습니까?
- 그것은 당신에게 어떤 의미인가요?
- 둘 중 하나를 선택한다면?

현대 코칭의 아버지
Thomas J. Leonard

- 오늘 집에 가서 자고 있는 동안 그 문제가 기적처럼 해결되었다면, 자고 일어나서 무엇을 보면 해결되었다는 것을 알 수 있을까요?
- 그 상태가 10점이라면, 지금은 몇 점 정도일까요?
- 1점 더 올리기 위해 무엇이 필요할까요?

해결중심 단기상담의 선구자
Steve de Shazer

기적 질문 2 - 활용사례

- 요즘 해결하고 싶거나 이루고 싶은 것이 있다면?

- 오늘 집에 가서 자고 있는 동안 그 문제가 기적처럼 해결되었다면, 자고 일어나서 무엇을 보면 해결되었다는 것을 알 수 있을까요?

- 그렇게 되면 또 어떤 좋은 일들이 생길까요?

- 주변 사람들이 뭐라고 말해줄까요?

- 그때 기분이 어떨까요?

- 그 상태가 10점이라면, 지금은 몇 점 정도일까요?

- 1점 정도 더 올리기 위해 생각해 볼 수 있는 방법 3가지가 있다면?

- 또 어떤 게 있을까요?

- 먼저 시도해 보고 싶은 것 하나를 고르신다면?

◆ **긍정형 질문 (↔ 부정형 질문)**
- 어떻게 하면 일이 순조롭게 진행될 수 있을까?
- 해결하기 위해 할 수 있는 것이 있다면?

◆ **열린 질문 (↔ 닫힌 질문)**
- 이루고 싶은 것이 있다면 어떤 것들이 있을까?
- 자신이 소중하게 여기는 것은 무엇인가?

◆ **미래 질문 (↔ 과거 질문)**
- 다음 한 주간 실행하고 싶은 것들은 어떤 것이 있나요?
- 그것을 이루기 위해 뭐부터 하면 좋을까?

◆ **탐색형 질문**
- 좀 더 구체적으로 말씀해 주시겠습니까?
- 무엇을 보고 그렇게 느끼셨습니까?
- 그렇게 생각하신 이유가 있다면 (무엇일까요)?
- 무엇이 그렇게 만들었을까요?

◆ **가정법 질문**
- 지금은 불가능하다고 생각되는 일 중에서, 만약 우리가 할 수만 있다면 우리에게 엄청난 성공을 가져다 줄 만한 것이 무엇일까요?
- 자신이 사장이라면 무엇을 바꿔보고 싶습니까?

◆ **소유권 질문**
- 필요를 충족시키기 위해 스스로 할 수 있는 것은 무엇일까요?
- 변화를 위해서 자신이 시도할 수 있는 것은 어떤 것들이 있을까요?

◆ **관점전환 질문**
- 거래처 담당자는 뭐라고 생각할까요?
- 상대방은 그때 어떤 기분이었을까요?
- 80세의 지혜로운 자신이 지금의 나에게 조언을 해준다면?
- 후세대는 우리의 결정에 대해 어떻게 생각할까요?

• '왜~'라는 질문은 상대에게 취조받는 느낌을 줄 수 있으므로 '무엇' 또는 '어떻게'를 활용한 질문을 하는 것이 바람직하다.

'무엇이 그런 상황을 만들었다고 생각하십니까?'
'그렇게 생각하게 된 이유는 무엇입니까?'
'그것을 선택한 데에는 어떤 이유가 있을까요?'

- 지난 한 주간 성취한 것은 무엇인가?
- 생각대로 안된 것은 무엇인가?
- 이미 마무리되었어야 하는데 아직 끝마치지 못한 것은 무엇인가?
- 당연한 일이지만 되어 있지 않은 것은 무엇인가?
- 이번 주에 내가 집중해야 할 것은 무엇인가?
- 집중하기 위해 위임하거나 하지 말아야 할 것은 무엇인가?
- 누구의 어떤 도움을 받을 수 있는가?
- 오늘 내가 점검해야 할 것은 무엇인가?
- 오늘 할 일 중 한가지 일 밖에 못한다면 어떤 일을 하는 것이 가장 가치 있는가?
- 지금 하려고 하는 일은 남은 일 중 가장 가치 있는 일인가?
- 오늘 몇 번이나 칭찬했나?
- 오늘 성취한 것은 무엇인가?
- 오늘 마무리 되지 못한 일은 무엇인가?
- 내일 할 일은 무엇인가?
- 오늘 감사한 일은 무엇인가?
- 자기계발을 위해 어떤 노력을 지속적으로 하고 있는가?
- 가능한 한 많은 일을 위임하기 위해서 어떤 노력을 하고 있는가?
- 일의 체계와 시스템을 만들기 위해서 어떤 노력을 하고 있는가?
- 업무개선을 위해서 어떤 노력을 하고 있는가?
- 나의 탁월함은 무엇인가?
- 나의 탁월함은 몇% 발휘되고 있나?
- 100% 발휘된다면 어떤 파급효과가 있을까?
- 탁월함을 더 발휘하는 데 장애요인은 무엇인가?
- 해결방안은?
- 나의 탁월함을 일에서 어떻게 발휘해 볼 수 있을까?

셀프코칭 질문들 중에서 2~4가지의 질문을 골라서 아래에 적고
그 질문에 대한 자신의 답을 적어보자.

정리와 나누기

• 어떤 것이 좋았습니까?

• 느낀 점, 새롭게 인식된 것, 정리된 생각은 무엇입니까?

• 앞으로 1주일 내에 새롭게 시도해 보고 싶은 행동계획은?

코칭 대화 모델

COACH 모델 이해
Connection
Outcome
Awareness
Chances
Hands-on experience

COACH 대화 모델

Connection	(미소, 인사, 칭찬) 오늘 컨디션 어때요?
Outcome	요즘 해결하고 싶거나 이루고 싶은 것이 있다면 어떤 것이 있을까요?
Awareness	현재 상황은 어떤가요?
Chances	해결을 위해 생각해 볼 수 있는 방법은? 또?(x3)
Hands-on	다음 한 주간 실행하고 싶은 구체적인 행동은? 언제 하시겠어요?
Connection	어떤 점이 가장 좋으셨어요? (지지, 격려, 응원)

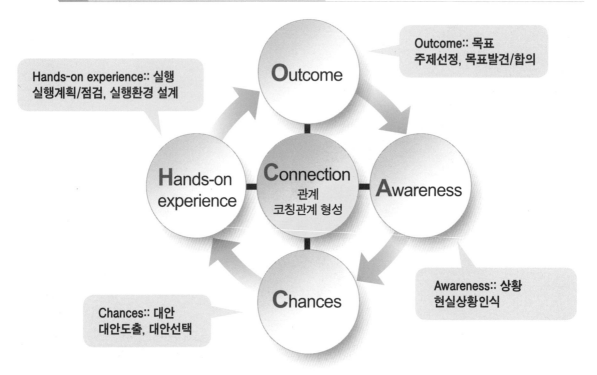

Outcome:: 목표
주제선정, 목표발견/합의

Hands-on experience:: 실행
실행계획/점검, 실행환경 설계

Awareness:: 상황
현실상황인식

Chances:: 대안
대안도출, 대안선택

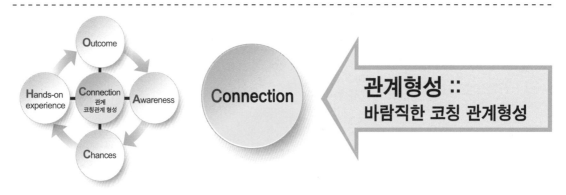

관계형성 ::
바람직한 코칭 관계형성

◆ 판단, 선입견을 내려놓고 고객의 감정, 욕구, 의도, 사실을 경청
◆ 고객의 스타일, 속도, 사고방식 및 실수조차도 있는 그대로 인정하고 포용
◆ 고객과 춤을…

라포(Rapport) 형성
인정, 포용, 지지, 격려, 감정, 욕구, 의도, 사실 경청, 가능성, 잠재력, 탁월함 경청, 결과보다 과정을
즐김, 인간애 존중 제안하기, 허락 구하기, Yes 받아내기

국제코치연합
International Coach Alliance

COACH 대화 모델

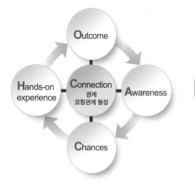

Connection

관계형성 ::
바람직한 코칭 관계형성

[대화 예시 1]
미인대칭 :
미소 짓고
인사 나누고
대화하고
칭찬하기

[질문 예시]
F.O.R.M 질문
– Family: 가족은?
– Occupation: 일은?
– Recreation: 여가 활동은?
– Motivation : 힘을 주는 것은?

[관계형성 질문 예시]
그러셨군요. / 그럴 수도 있지요. / 참 흥미롭군요.
어떤 이야기를 나누고 싶으세요?
제 느낌을 나누어도 될까요?
~라고 느껴지는데 , 어떻게 생각하세요?
저는 ~런 점이 좋았습니다. ~님은 어떤 점이 좋으셨나요?
지난 한 주간 성취한(행복한, 즐거운, 보람 있는, 감사한) 것이 있었다면 어떤 것인가요?
최근 새롭게 만난 사람 (경험한 일)이 있다면 어떤 것이 있을까요?
최근 축하할 일이 있다면 어떤 일이 있습니까?
오늘 컨디션 어때요?
오늘 감사한 것 3가지가 있다면?
지난 한 주간의 일들 중 기억 속에 꼭 남겨두고 싶은 일은 무엇입니까?
요즘 삶에 활력을 주는 것이 있다면 무엇이 있습니까?
요즘 자신에게 에너지를 주는 것이 있다면 무엇인가요?
요즘 자신에게 도전으로 다가오는 것은 무엇입니까?

Connection

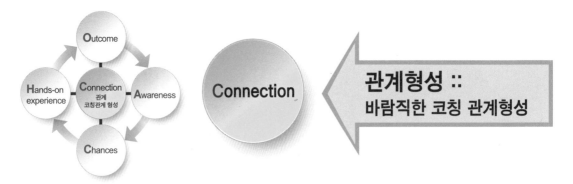

	긍정적 신호	부정적 신호
고객	얼굴이 밝아짐 감정을 표현함 긴장이 풀림 자신과 코칭에 대한 호기심	얼굴이 어두워짐 말수가 줄어듦 긴장하고 있음 코칭에 대한 부담감을 느낌
코치	어떤 표현, 생각, 반응에도 유연함 코칭 대화를 즐김 저항감이 없음 코칭 대화 후 에너지 생김	상대의 표현, 생각, 반응이 거북함 코칭 대화가 부담스러움 저항감이 있음 코칭 대화 후 힘이 빠짐

COACH 대화 모델

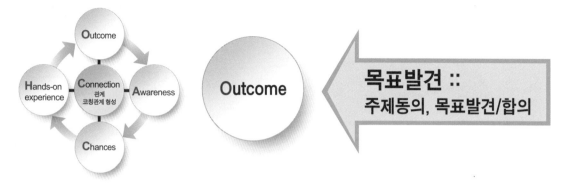

목표발견 ::
주제동의, 목표발견/합의

코치의 관심사가 아닌 고객의 관심사를 따라감.
문제를 구체화하고 진짜 문제를 파악.
문제가 잘 해결된 상태를 그려보게 함.
— VAK
· Visual-see
· Auditory-hear
· Kinesthetic-feel

진짜 원하는 것은 다른 것일 수 있다.
진짜 문제는 다른 것일 수 있다.

COACH 대화 모델

[목표발견 질문 예시]

어떤 문제를 해결하면 가장 도움이 되겠습니까?
지금 가장 힘 빠지게 만드는 것은 무엇입니까?
가장 먼저 집중하고 싶은 것은 무엇입니까?
가장 먼저 해결하고 싶은 것은 무엇입니까?
(언제까지) 어떤 상태가 되면 만족하겠습니까?
기적처럼 문제가 해결되었다면 무엇을 보게 될까요?
'무엇을 듣게 될까요?', '무엇을 느끼게 될까요?', '어떤 기분일까요?
해결되었다(목표를 이루었다)는 것을 어떻게 알 수 있을까요?
이것을 이루는 것이 자신에게 어떤 의미가 있을까요?
원하는 것이 이루어지면 어떤 파급효과가 있을까요?
이루고자 하는 목표는 무엇입니까? / 원하는 것은 무엇입니까? / 무엇을 바꾸고 싶습니까?
목표를 이루면 당신에게 어떤 점이 좋습니까?
이 목표를 통해 궁극적으로 원하는 것은 무엇입니까?
목표를 이루면 당신 이 외에 누구에게, 어떤 도움이 됩니까?
이 목표를 놓친다면 어떤 결과가 따릅니까? / 원하는 대로 이루어지지 않는다면 어떤 영향이 있습니까?

Outcome

COACH 대화 모델

목표발견 ::
주제동의, 목표발견/합의

	긍정적 신호	부정적 신호
고객	집중이 됨 호기심이 생김 동기부여가 됨 목표가 그려짐	집중이 안 됨 관심이 없음 열정이 없음 목표가 보이지 않음
코치	진짜 원하는 것을 알게 됨	원하는 것이 헷갈림 고객과 함께 헤매고 있음 겉도는 느낌

상황인식 ::
현실상황 인식, 장애요인 파악

현재 상황을 질문, 불편한 감정을 공감적 경청
외적 장애와 내적 장애를 함께 확인
현재상황에 대한 판단이 아닌 사실을 경청
사고의 틀과 제한적 신념을 파악, 다른 관점을 제시
+와 —를 함께 파악, 2차 이익을 확인

증상은 같아도 원인은 다를 수 있다.
문제의 본질을 파악하라.

[현실파악 질문 예시]

현재 상황은 어떤가요?'

그 상황을 생각하면 어떤 기분/생각이 드나요?

지금 상황이 지속되면 어떤 일이 벌어질까요?

오히려 좋은 점은 무엇인가요?

오히려 유익한 점은 무엇인가요?

문제라는 것을 무엇을 보고 알 수 있나요?

몇%가 사실인가요?

스스로 발목잡고 있는 것은 무엇인가요?

현재상황이 구체적으로 어떻습니까?

목표상황을 10점이라고 하면 현재상황은 어느 정도일까요?

그것에 대해 좀 더 자세히 말씀해 주시겠습니까?

현재상황과 관련하여 지금까지 어떤 결정을 해왔습니까?

현재상황에 대해 어느 정도의 책임을 갖고 있습니까?

이것에 대해 지금까지 어떠한 행동을 취해왔습니까?

그것에 대해 다른 사람들은 어떻게 보고 있습니까?

자신을 제외하고 이것의 영향을 받는 사람이 누구인가요?

상황인식 ::
현실상황 인식, 장애요인 파악

	긍정적 신호	부정적 신호
고객	문제를 보는 새 관점 생김 정리가 되고 명료해짐 진짜 문제를 찾아냄	기존 관점을 고수함 핑계, 변명, 하소연을 버리지 못함 문제의 원인을 외부에만 돌림
코치	공감해주면서도 이면의 진짜 문제를 발견 고객의 내면으로 들어가는 느낌	증상 및 표면적 문제에 머묾 고객의 저항에 당황함 근본 원인으로의 접근을 주저함 겉도는 느낌

COACH 대화 모델

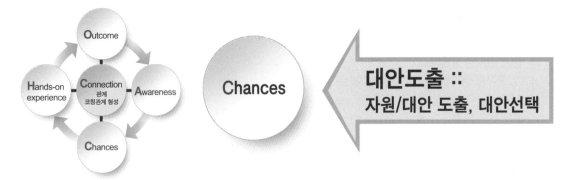

대안도출 ::
자원/대안 도출, 대안선택

활용 가능한 자원 도출 - 정보, 시간, 돈, 사람, 경험, 강점, 기술, 인터넷 등
대안도출
— Brain Storming, Mandal-art, Mind-map 등
대안선택
— 효과성, 실현가능성, 경제성 검토

아이디어는 多多益善
최종 선택은 고객 손에

COACH 대화 모델

[대안도출 및 선택 질문 예시]

그럼에도 불구하고 목표를 이룰 수 있는 방법이 있다면 무엇이 있을까요?
문제해결을 위해 필요한 자원은 무엇입니까?
현재 어떤 자원을 가지고 있습니까? (기술, 시간, 열의, 돈 등)
더 배워야 할 것은 무엇입니까?
이와 비슷한 문제를 해결한 과거 경험이 있다면 무엇입니까?
존경하는 사람이 조언을 해준다면 무엇을 해주실까요?
80세의 지혜로운 자신이 지금의 자신에게 조언을 해준다면 어떤 말을 할까요?
누군가의 도움을 받는다면 누구의 어떤 도움을 받으면 좋을까?
자신의 강점을 적용해 본다면 어떻게 해볼 수 있을까요?
무엇을 할 수 있습니까?
무엇을 하고 싶습니까?
그 외에 또 어떤 것을 해볼 수 있습니까?
지금까지 시도해 본 것은 무엇입니까?
과거에는 그것이 어떻게 효과가 있었습니까?
시간과 예산이 더 많다면, 혹은 당신이 사장이라면 무엇을 하겠습니까?
처음부터 새로 시작한다면 어떻게 해보고 싶습니까?
당장 시도해 볼 수 있는 가장 효과적인 것은 무엇이 있습니까?
한가지 방법을 선택한다면 어떤 것을 선택하시겠습니까?

ICA 국제코치연합
International Coach Alliance

COACH 대화 모델

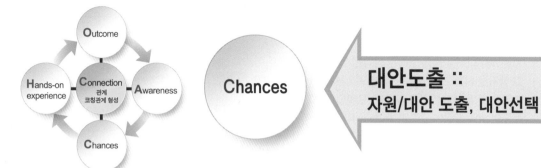

대안도출 ::
자원/대안 도출, 대안선택

	긍정적 신호	부정적 신호
고객	가능성, 기회, 자신감을 발견함 다양한 새로운 생각을 하게 됨 아하!	뻔한 방법 반복 할 수 없는 이유 나열 생각하려 하지 않음
코치	다양한 접근법 활용 고객을 계속 독려 창의적인 생각 촉진 열린 사고	답답함 먼저 방법제시 코치의 대안 밀기 코치의 방법론 고수

COACH 대화 모델

실행/점검 ::
실행 및 점검 계획, 상호책임

SMART 실행목표
SMART 실행계획
할 수밖에 없는 시스템 만들기
지속적인 지지, 격려, 점검

구체적인 계획은 실행을 낳는다.
고객의 의지보다는 계획을 믿어라.

COACH 대화 모델

[실행/점검 질문 예시]

지금까지 대화를 통해 정리된 생각은 무엇입니까?

그 생각을 바탕으로 다음 한 달(한 주, 24시간) 동안 실행할 것은?

그것을 위해 하지 말아야 할 것은 무엇입니까?

누구의 어떤 도움을 받으면 좋겠습니까?

누가 이 계획에 대해 알면 도움이 될까요?

실행을 위한 최적의 환경을 만든다면 어떤 모습일까요?

그 외에 고려할 사항은 무엇입니까?

구체적인 첫 행동은 무엇입니까?

언제 하면 가장 최적의 타이밍일까요?

실행하고 나면 어떤 기분일까요?

실행하면 어떤 긍정적 영향이 있을까요?

누가 어떻게 점검해주면 더 잘할 수 있을까요?

했다는 것을 제가 어떻게 알 수 있을까요?'

다음 주에 어떻게 물어봐 드릴까요?

Hands-on experience

실행/점검 ::
실행 및 점검 계획, 상호책임

	긍정적 신호	부정적 신호
고객	실행에 대한 의욕 적극적임 다음 진행에 대한 기대감 증가	실행에 대한 부담감 실패에 대한 두려움 실행을 미룸 계획이 구체적이지 않음
코치	작은 실행으로 시행성공을 만듦 실행 실패는 코칭의 기회 할 수밖에 없는 환경을 디자인 반드시 점검함	시행착오를 반복하게 함 실행 실패에 기분이 나쁨 고객의 의지만 믿음 점검을 잊음

ICA 국제코치연합
International Coach Alliance

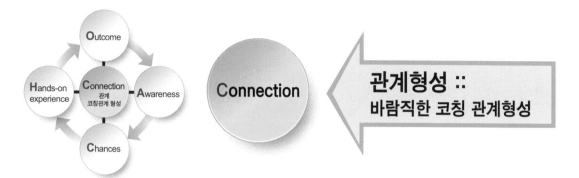

관계형성 ::
바람직한 코칭 관계형성

계속 지지, 격려, 응원
코칭 대화가 끝나도 계속 관심과 후원
약속 지키기, SMS와 e-mail 활용

코칭 대화는 끝나도
관계는 계속된다

'저는 ~런 점이 좋았습니다. ~님은 어떤 점이 좋으셨나요?'
'~님의 ~ 탁월한 점을 활용한다면 충분히 해낼 것으로 믿습니다.'
'다음 주에는 어떤 주제로 이야기하고 싶으세요?'
'다음에 더 나은 코칭 대화를 위해 필요한 것이 있다면?'
다음 코칭 약속 시간, 장소 확인
기타 약속 확인

COACH 대화 모델

파트너에게 COACH 모델을 설명하라

COACH 대화 모델은 '관 – 목 – 상 – 대 – 실'인데
관은 '관계형성', **목**은 '목표발견', **상**은 '상황인식', **대**는 '대안도출', **실**은 '실행 및 점검 계획'입니다.

관계형성에서 중요한 것은…, 대화 예로는…

목표발견에서 중요한 것은…, 대화 예로는…

Connection
(미소, 인사, 칭찬)
오늘 컨디션 어때요?

Outcome
어떤 문제를 해결하면 가장 도움이 될까요?
해결되었다면, 어떤 상황이 되어 있을까요?

Awareness
지금 현재 상황은 어떤가요?
해결하는 데에 방해요인은 무엇이 있을까요?

Chances
해결을 위해 생각해 볼 수 있는 방법은?
또?(x4)
먼저 시도해 보고 싶은 것은?

Hands-on
구체적인 첫 행동은 뭐가 될까요?
언제 하시겠어요?
누가, 언제, 어떻게 점검해주면 더 잘할 수 있을까요?

Connection
어떤 점이 가장 좋았습니까?
(지지, 격려, 응원)

ICA 국제코치연합
International Coach Alliance

COACH 대화 모델

프로세스	질문 및 대화 사례	비고
관	요즘 살아가는 데 힘을 주는 것은?	
목	어떤 주제로 이야기 나누면 유익할까요? 그 이슈가 해결된 모습을 그려본다면 어떤 모습일까요? 그렇게 되는 것이 자신에게 어떤 의미가 있을까요?	
상	그 상태가 10점이라면 현재 상태는 몇 점 정도일까요? 10점이 안 되게 방해하는 것은 어떤 것들이 있나요?	
목	남은 시간 동안 어떤 부분에 초점을 맞추면 가장 도움이 될까요? 오늘 코칭 대화가 끝났을 때 어떤 결과를 얻으면 만족스러울까요?	
대	시도해 본 것들 중에 가장 효과적이었던 것은 어떤 방법이었나요? 아직 시도해 보지 않은 것들 중에 시도해 볼 수 있는 대안은? 또? 뭘 바꾸면? 뭘 배우면? 어떤 생각을 가지면? 뭘 내려놓으면? 누구의 도움을 받으면? 필요한 정보? 강점? 경험? 뭐부터 해보면 가장 도움이 될까?	
실	지금까지 대화를 통해 새롭게 발견한 것이나 정리된 생각은? 구체적인 첫 행동은 뭐가 될까? 언제? 누가 어떻게 점검해 주면 더 잘할 수 있을까?	
관	다음 약속, 지지, 격려, 응원	

프로세스	질문 및 대화 사례	비고
관		
목		
상		
목		
대		
실		
관		

COACH 대화 모델 실습

◆ 코치 역할 실습자는 질문예시 위주로 실습한다
◆ 3인 1조 편성: 코치, 고객, 관찰자
◆ 코칭 순서: 고객 → 코치 → 관찰자 → 고객
◆ 10분씩 코칭 실습
◆ 3분간 피드백 (고객 – 관찰자 – 코치 순)
◆ 5분간 전체 피드백 나누기

COACH 대화 모델 실습

◆ 피드백 요령

1. COACH 중 잘된 점과 사례
2. COACH 중 개발이 필요한 점과 사례, 대안
3. 총평 및 소감

코칭 툴

코칭 동의서
Balance Wheel
코칭 준비 양식

코칭 동의서

- [부록]에 첨부된 '코칭 동의서' 샘플 2가지를 살펴보자.
- 파트너와 코치 및 고객 역할을 번갈아가며 '코칭 동의서' 작성을 실습한다.
- '코칭 동의서'를 작성하는 것은 어떤 효과가 있을까?
- '코칭 동의서' 작성 시 주의할 점은 무엇일까?
- 자신의 '코칭 동의서'에 포함하고 싶은 내용은?

Balance Wheel

- Balance Wheel은
- 가장 기본적인 코칭 툴로써
- 다양하게 응용이 가능하며
- 삶의 전반을 살펴보고
- 코칭 이슈를 발견하는 데 도움이 된다.
- 파트너와 코치 및 고객역할을 정해 밸런스 휠 작성을 돕고 이를 통해 코칭 이슈를 발견해 보자.

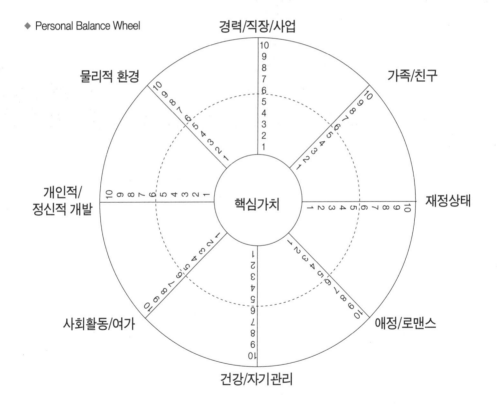

◆ Personal Balance Wheel

ICA 국제코치연합
International Coach Alliance

Balance Wheel

◆ Professional Balance Wheel

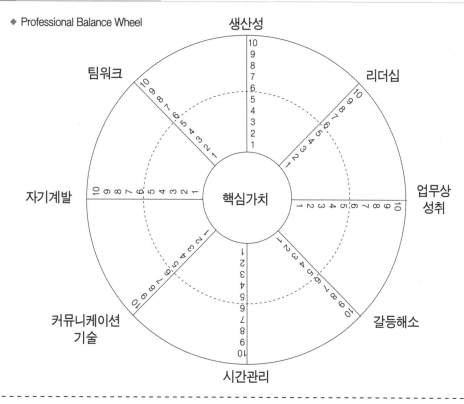

◆ Business Balance Wheel

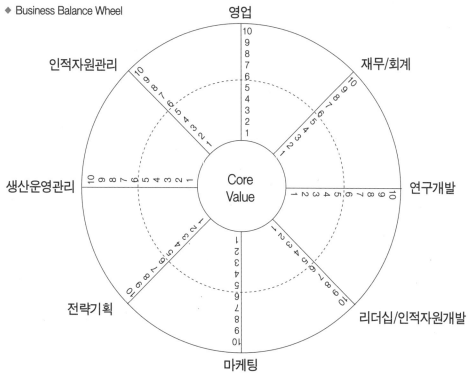

Balance Wheel

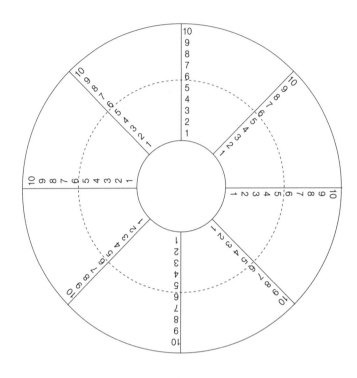

집중 대상	현재 (　　　)	목표 (　　　)	More	Less	시사점

파급효과:

1개월 실행 목표:

주간 실행 목표:

- [부록]에 첨부된 '코칭 준비 양식' 샘플 2가지를 살펴보자.
- '코칭 준비 양식' 작성해 보고 파트너와 나눈다.
- '코칭 준비 양식'를 작성하는 것은 어떤 효과가 있을까?

- 자신의 '코칭 준비 양식'에 포함하고 싶은 내용은?

정리와 나누기

- 어떤 것이 좋았습니까?

- 느낀 점, 새롭게 인식된 것, 정리된 생각은 무엇입니까?

- 앞으로 1주일 내에 새롭게 시도해 보고 싶은 행동계획은?

종합실습과 피드백

― 코칭 보고서 ―

코칭세션을 진행한 직후에 코칭보고서를 활용해
기록을 유지하는 것은 지속적인 코칭 관계를 유지, 발전시키고
고객에게 전문가로서의 신뢰를 형성하는 데에 큰 도움이 된다.
또한, 코칭보고서를 작성하면서 자신의 코칭 대화를 리뷰해 보고
스스로 피드백해 보는 것은 코치 자신의 코칭 역량의 향상과
성장을 위해 효과적이면서 중요한 방법이다.

코칭 보고서

- 주요 키워드를 중심으로
- 고객의 사전동의를 구하고 메모를 하거나
- 코칭 대화 후 고객과 헤어지고 나서 기록
- 실행약속 및 상호책임 내용은 그 자리에서 바로 메모
- 작성한 코칭 보고서의 사본을 고객에게 제공하는 것도 코치의 서비스로 고려해 볼 수 있다.

코칭 보고서

_____ 회차 / 총 _____ 회

고객명: _____   날짜 _____ 시작시간: _____

코치명: _____   종료시간: _____

구분	내용
실행 및 과제 점검	
주제 및 코칭이슈	
주요내용	
적용틀 및 기법	
실행계획 및 실행과제	
고객의 코칭 소감	
코치의 코멘트 코칭 반성	
기타 약속 사항	

다음 코칭 날짜: _____   시작 시간: _____

주 점수기준 기본 Guide

- 1: 코칭이 아닌 방식, 지양해야 할 언행과 태도 수준.
- 2: 최소한의 기본 질문을 구사하고 프로세스를 의식적으로 따라가는 수준.
- 3: 응용질문을 구사하며 프로세스를 자연스럽게 진행하는 정도.
- 4: 능숙하게 진행할 수 있으며 프로세스를 의식하지 않고 코치의 의식의 반 이상이 고객에게 있는 정도.
- 5: 프로코치로서 충분히 인정받을 수 있는 수준. 새 의식, 새 감정, 새 에너지, 새 가능성을 발견하는 수준.

평가 기준

5	Excellent: 당장 프로로 뛰어도 되겠다
4	Great: 모범 사례감이다
3	Good: 이 정도면 잘했네
2	Not Bad: 나름 애썼다
1	Show me: 못 찾겠다

Connection

- 1: 바람직한 코칭 관계가 형성되지 못함. (기분이 상하게 함·부정적 감정 증가)
- 2: 최소한의 관계 형성 및 유지.
- 3: 코칭 관계로서 양호한 수준.
- 4: 코칭 관계로서 바람직한 수준.
- 5: 고객의 존재가 충분히 받아들여지고 코칭 전반에서 개방적이고 지지받는 환경 유지됨.

Outcome

- 1: 고객이 원하는 주제를 파악하지 못하거나 주제를 벗어남.
- 2: 고객의 주제를 파악하거나 구체화시키는 데에 어려움.
- 3: 고객의 주제를 효과적으로 파악하고 구체적 목표에 대한 동의를 도출함.
- 4: 효과적으로 주제를 파악하고 목표를 구체화하며, 코칭 맥락을 잘 유지함.
- 5: 이면의 진짜 주제 및 새 주제를 도출함·코칭세션의 만족기준을 효과적으로 합의하고 관리함.

Awareness

- 1: 고객의 현실상황을 파악하기보다는 판단한다.
- 2: 기본 질문을 통해 어려운 현실을 듣는다.
- 3: 응용 질문을 활용하고 고객의 감정과 사실을 경청한다.
- 4: 다른 관점에서 볼 수 있게 하고 가능성을 느낄 수 있게 한다.
- 5: 새로운 관점으로 현실을 인식하게 하고 자연스런 EDIT 공감경청을 한다.

Chances

- 1: 충고와 답을 준다.
- 2: 기본 질문을 통해 해결방안을 도출한다.
- 3: 응용 질문을 활용하여 새로운 방안을 도출한다.
- 4: 다양한 자원과 가능성을 인식하게 하고 새로운 접근방법을 도출한다.
- 5: 내면에 잠재된 자원을 찾아내고 새로운 자원의 방안을 도출한다.

Hands-on experience

- 1: 구체적인 실행계획이 없다.
- 2: 기본질문을 통해 기본적인 상호책임을 합의한다.
- 3: 응용질문을 활용하여 구체적인 실행계획을 수립하고 상호책임을 합의한다.
- 4: 다양한 방법으로 실행을 지원한다.
- 5: 체계적인 후원환경을 통해 실행을 지원한다.

코치: _____ 피드백: _____ 날짜 _____ 시작시간: _____ 종료시간: _____

코칭역량	내용		점수
	긍정적 사례	개발할 사례	
Connection **관계형성** 바람직한 코칭 관계 형성 및 유지			
Outcome **목표 발견** 주제동의 및 목표 발견			
Awareness **상황인식** 현실상황인식 및 장애 파악			
Chances **대안도출** 대안 도출 및 대안 선택			
Hands-on **experience** **실행/점검** 실행/점검 계획 및 상호 책임			
좋았던 점			총점
개발할 점			
총평			

- 1: 코치, 피드백하는 사람, 코칭 날짜와 시간을 기록.
- 2: 각 역량에 해당하는 '긍정적 사례'와 '개발할 사례'를 키워드 중심으로 기록.
- 3: 대화가 끝나면 즉시 종료시간을 기록.
- 4: 각 역량별 점수를 5점 척도로 기록.
- 5: '좋았던 점'에는 가장 좋았던 역량에 대해 적고, '개발할 점'에는 더 개발하면 좋을 역량 기록.
- 6: '총평'에는 전체적인 흐름과 분위기, 코치의 탁월함 등을 바탕으로 총평과 격려의 말을 기록.
- 7: 각 역량의 점수를 합하여 총점을 기록.

- 4인(또는 3인) 1조로 편성한다.
- 코치, 고객의 역할을 한 명씩 맡고 나머지는 관찰자 역할을 맡는다.
- 준비가 되었으면 10분간 코칭을 실시한다.
- 코칭이 끝나면 코치는 코칭 보고서를 마무리하고 고객역할을 포함한 나머지 사람은 '피드백 시트'를 작성한다.

- 좋았던 점 1가지 :

- 구체적 사례 :

- 더 계발할 점 1가지:

- 구체적 사례 :

- 먼저 고객역할을 맡은 사람이 피드백한다. 역량을 바탕으로 '좋았던 점'과 '개발할 점'을 피드백한다.
- 다음으로 관찰자의 피드백을 듣는다.
- 마지막으로 코치 역할을 맡은 사람의 소감을 듣는다.
- 작성한 '피드백 시트'를 코치 역할을 맡은 사람에게 준다.
- 고객이 코치가 되고, 코치는 관찰자, 관찰자는 고객역할이 되어 실습을 반복한다.

실제 이슈나 예시 상황들 중에서 선택하여 고객역할.

정리와 나누기

- 어떤 것이 좋았습니까?

- 느낀 점, 새롭게 인식된 것, 정리된 생각은 무엇입니까?

- 앞으로 1주일 내에 새롭게 시도해 보고 싶은 행동계획은?

- 실습 파트너는?

MEMO

인증 코치 되기

코칭 윤리
코칭 역량
코치 인증

코치계의 건강함과 발전을 위해
필요하다고 생각되는 것은?

코칭 윤리

부록의 국제코치연합 윤리 규정을 살펴보고 핵심단어 중심으로 표시하고
각 부분별로 핵심내용을 파악하자

1. 개념 정의(Definitions)
2. ICA의 코칭 철학(Philosophy)
3. ICA코치의 윤리 규정(Coach's Code of Ethics)
   가. 능력
   나. 도덕성
   다. 차별 금지
   라. 직업적 책임
   마. 타인의 권리 및 권위 존중
   바. 사생활 및 비밀 보장
   사. 윤리와 자국법의 상관관계

자신의 코칭 윤리를 한두 문장으로 정리하면…

ICA 국제코치연합
International Coach Alliance

ICA 12가지 핵심코칭 역량

No.	한글	영문
1	직업윤리	Professional Ethics
2	신뢰관계	Relationship of Trust
3	코칭 동의	Coaching Agreement
4	참여와 몰입	Presence & Engagement
5	적극적 경청	Active Listening
6	깨끗한 대화	Clean Communication
7	발견과 명확화	Discovering & Idetifying
8	잠재력 확장	Expanding Potential
9	온전한 인식	Recognizing Wholeness
10	행동 설계	Designing Actions
11	후원환경조성	Designing Supportive Environments
12	고객존중과 즐김	Respecting and Enjoying

No.	한글	영문	관계 Connection	목표 Outcome	상황 Awareness	대안 Chances	실행 Hands-on Experiences
1	직업윤리	Professional Ethics	◎				
2	신뢰관계	Relationship of Trust	◎				
3	코칭 동의	Coaching Agreement	◎	◎			
4	참여와 몰입	Presence & Engagement	◎				
5	적극적 경청	Active Listening	◎				
6	깨끗한 대화	Clean Communication	◎				
7	발견과 명확화	Discovering & Idetifying		◎	◎		
8	잠재력 확장	Expanding Potential		◎		◎	◎
9	온전한 인식	Recognizing Wholeness			◎		
10	행동 설계	Designing Actions				◎	
11	후원환경조성	Designing Supportive Environments					◎
12	존중과 즐김	Respecting and Enjoying					

코칭 역량

• 자기 자신의 강점 역량 3가지는?

  1.

  2.

  3.

• 약점 역량 중 우선 개발할 역량은?

전문코치로의 로드맵

자격명	인증 교육	교육 누적	유지 교육	멘토 코칭 (시간)	수퍼 비전 (시간)	필기	실기 시험	비고
CAC	20	20	연 24	0	4	온라인	10분	10분 코칭녹음 제출 (수퍼비전 전 3건, 후 4건)기본적인 코칭대화 가능
CAMC	88	108	연 36	녹취록, 피드백지, 수퍼비전 음성녹음 3, 5, 10, 20분 코칭 시연 동영상				예비 CAMC ⇒ CAMC 인턴코치 ⇒ CAMC 인증코치 CAC 과정 진행 예비 CAC 수퍼비전
CPC	96	204	연 48	12	9	온라인	30분	예비CPC 멘토코칭 외부 파견, 온라인 등록/매칭
CSC	128	332	연 48	12	12	에세이	50분	연구소장, 인증위원 활동, 코칭서적출판지원, 대학강의, 해외강의/파견 우선배정
CMC	10년 이상 경력, 박사 이상, 전문서적 2권 이상, CSC 이상 코치 8명의 추천							

ICA 국제코치연합
International Coach Alliance

- 코칭시간 준수
- YES/NO 닫힌 질문 금지
- 고객이 주제를 정리하도록
- 2분 남으면 Hands-on E. (실행/점검 계획)로 바로 들어감
- 인정/정찬 2회 이상
- 시간이 모자라도 독촉하는 느낌이 들지 않도록 진행
- 고객 역할 시의 태도, 인터뷰 및 피드백 시의 태도 중요
- CAC는 내용의 깊이보다는 STEP 이해 및 전체 진행능력 평가에 초점

통합운영사례

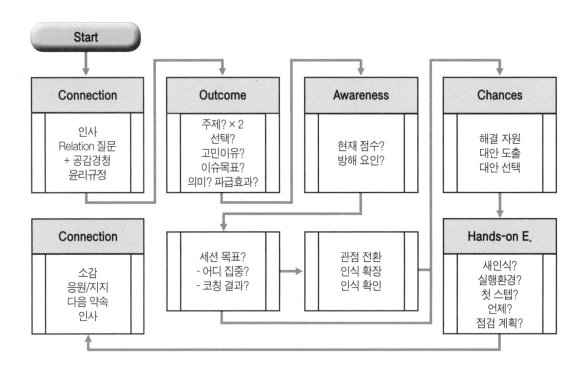

ICA 국제코치연합
International Coach Alliance

0
- 인사
- "제가 어떻게 불러드리면 좋을까요?"
- 'Connection' 질문 1개 + 요약 + 공감

1'
- "그럼 지금부터 코칭 대화를 시작할 텐데요, 국제코치연합 윤리규정에 따라 진행하고, 저와의 대화내용은 비밀이 보장됩니다."
- 주제?
- "언제까지 어떤 상태가 되면 만족? (좀 더 구제적으로 말씀…)"
- ……
- 대안도출

8'
- "지금까지 대화를 통해서 새롭게 발견한 것이나 정리된 생각이 있다면 어떤 게 있을까요?"
- 실행계획 (뭐부터?+언제?) 점검계획
- "저는 ~ 점이 좋았습니다. 어떤 점이 좋으셨어요?
- 지지/응원 인사

자격 취득 계획

- **목표:**
  -     년   일 CAC 인증 취득
  -     년   월   인증 취득

- **상호실습 8회 이상**
  - 현재: 실습   회
  - 목표: 년 월 일까지 실습 회
  - 주당   회 실습

- **수퍼비전 4시간 이상**

과정 목표와 사후 점검

No.	내용	1	2	3	4	5
1	코칭에 대해 자신의 말로 정의할 수 있다.					
2	코칭 철학에 대해 자신의 말로 설명할 수 있다.					
3	멘토링, 컨설팅, 카운셀링, 티칭 등과 코칭을 구별할 수 있다.					
4	코칭리더십을 자신의 말로 설명할 수 있다.					
5	상대중심적 경청을 할 수 있다.					
6	자신과 상대의 감정, 욕구, 의도를 파악할 수있다.					
7	판단과 사실을 구별할 수 있다.					
8	약점 뒤의 강점을 발견할 수 있다.					
9	효과적인 질문 요령을 5가지 이상 안다.					
10	COACH 대화 모델을 설명할 수 있다.					
11	COACH 대화 모델을 활용한 코칭 대화를 할 수 있다.					
12	이슈발견 코칭툴을 활용할 수 있다.					
13	인정과 칭찬의 차이를 안다.					
14	인정과 칭찬의 시기와 요령을 알고 활용할 수 있다.					
15	코칭 윤리를 이해한다.					
16	코칭의 핵심역량을 이해한다.					
17	코칭 보고서를 작성할 수 있다.					
18	코칭 피드백지를 작성하고 피드백할 수 있다.					
19	10분간의 1대1 코칭 대화를 자신 있게 할 수 있다.					
20	코칭 역량개발 및 자격취득 계획을 가지고 있다.					
	계					

존재를 실현하며 살기

나는 신에게 힘을 달라고 했다
그러나 신은 나를 더 강하게 만드는 어려움을 주었다

나는 신에게 지혜를 달라고 했다
그러나 신은 해결 방법을 깨우쳐야 할 문제를 주었다

나는 신에게 번영을 달라고 했다
그러나 신은 일을 할 수 있는 근육과 두뇌를 주었다

나는 신에게 용기를 달라고 했다
그러나 신은 내가 도와야 할 사람들을 알려주었다

나는 신에게 은혜를 달라고 했다
그러나 신은 나에게 기회를 주었다

나는 내가 원한 아무것도 받지 못했다
나는 내가 필요한 모든 것을 받았다

— 원작: 하즈라트 이나야트칸(Hazrat Inayat Khan)

편역: 최강석

Future Creation
Coaching Leadership

부록

국제코치연합 12가지 코칭역량
(ICA 12 Coaching Competencies)

　다음 12가지 코칭역량은 IAC(국제코치연합)의 정의에 따라 현재 코칭계에서 사용되는 기술과 접근방법에 대한 이해를 돕기 위해 만들어진 것이다. 이 코칭역량들은 ICA 자격인증의 기준으로 사용되며, 코칭교육에 대한 기대수준과 실제로 경험하는 교육 사이의 차이를 좁히는데 도움이 될 수 있다.

　이 12가지 역량들은 유능한 코치들이 필수적으로 갖추어야 하는 요소들이며, 코치 자신의 코칭역량 수준을 스스로 점검하는 데도 도움을 줄 것이다.

No.	한글	영문
1	직업 윤리	Professional Ethics
2	신뢰 관계	Relationship of Trust
3	코칭 동의	Coaching Agreement
4	참여와 몰입	Presence & Engagement
5	적극적 경청	Active Listening
6	깨끗한 대화	Clean Communication
7	발견과 명확화	Discovering & Identifying
8	잠재력 확장	Expanding Potential
9	온전한 인식	Recognizing Wholeness
10	행동 설계	Designing Actions
11	후원환경조성	Designing Supportive Environments
12	존중과 즐김	Respecting and Enjoying

ICA 국제코치연합
International Coach Alliance

1 직업 윤리(Professional Ethics)

1.1 정의: 국제코치연합의 윤리규정을 이해하고 직업적 코칭활동과 관련된 모든 상황에서 그것을 적절히 적용하는 능력

1.2 핵심요소: 개념 정의, 코칭 철학, 능력 도덕성, 차별 금지, 직업적 책임, 타인 존중, 비밀 보장

1.3 효과적인 행동

    1.3.1 ICA 윤리규정을 이해하고 준수한다.

    1.3.2 ICA 코칭절학을 기반으로 고객을 대하고, 코칭 관계 및 코칭 대화를 진행한다.

    1.3.3 코칭, 컨설팅, 상담 및 다른 유사 전문분야와의 역할을 명확히 구분한다.

    1.3.4 고객에게 코칭, 컨설팅, 상담 및 다른 유사 전문분야와의 차이를 분명히 이해할 수 있도록 돕는다.

    1.3.5 다른 전문분야가 필요하고 유용한 자원이라는 것을 알고 있고, 필요에 따라 고객에게 다른 전문분야를 알아보게 한다.

2 신뢰 관계(Relationship of Trust)

2.1 정의: 지속적인 상호 존중과 신뢰를 형성하고, 고객의 자각인식과 성장을 위한 안전한 환경과 지원하는 관계를 조성하는 능력

2.2 핵심요소: 상호존중과 신뢰, 판단 없는 안전지대, 미소와 부드러운 태도, 허락 구하기, 눈높이와 호흡 맞추기(pa cing), 약속 지키기

2.3 효과적인 행동

    2.3.1 자신감 있지만 겸손한 태도를 유지한다.

    2.3.2 코치의 고결함, 정직함, 성실함을 계속 드러낸다.

    2.3.3 미소, 인사, 칭찬 및 부담없는 대화를 나눈다.

2.3.4 고객의 행복과 미래에 대한 순수한 관심을 보여준다.

2.3.5 고객의 말을 경청하고 적절한 반응과 공감표현을 통해 마음을 열 수 있도록 한다.

2.3.6 평가하거나 판단하지 않고 중립적인 언어와 태도로 수용한다.

2.3.7 염려/의심의 신호에 주의한다.

2.3.8 고객이 민감하게 여길 수 있는 부분이나 새로운 영역에 대해서는 고객의 허락을 구한다.

2.3.9 고객과의 약속을 지킨다.

3 코칭 동의(Coaching Ag reement)

3.1 정의: 코칭 관계에서 요구되는 것은 구체적인 사항들을 이해시키고, 코칭 프로세스와 관계에 대하여 가망고객 및 새 고객에게 동의를 구하고 합의하는 능력.

3.2 핵심요소: 적절한 것과 적절하지 않은 것, 제공되는 것과 제공되지 않는 것, 구체적인 합의, 장애요인 제거, 코칭환경 조성.

3.3 효과적인 행동.

3.3.1 코칭 관계의 구체적인 요소 및 기준들을 이해시키고 고객과 효과적으로 협의한다. (예: 비용, 스케줄, 장소, 다른 사람을 참석시키는 여부 등)

3.3.2 적절한 것과 적절하지 않은 것, 제공되는 것과 제공되지 않는 것, 고객과 코치의 역할과 책임에 대해서 합의한다.

3.3.3 고객의 고민(issue)을 나누고 코칭주제(coaching issue)를 합의한다.

3.3.4 고객의 필요에 적합한 코치의 접근 방법을 제안하고 합의한다.

3.3.5 코칭을 통한 결과와 효과성의 기준을 합의한다.

4 참여와 몰입(Presence & Engagement)

4.1 정의: 몸 감정, 의식 차원의 정보를 적절하게 처리하면서 고객에게 주의를 집중하고, 열린 유연한, 자신감 있는 태도를 유지한다.

4.2 핵심요소: 자신감, 평정심, 주의집중, 있는 그대로 느끼기, 알아차림, 유연성, 열린 마음, 공명, 지금 여기에 있기.

4.3 효과적인 행동

4.3.1 코칭을 위한 최적의 몸, 감정, 의식 상태를 유지한다.

4.3.2 코치의 주의와 의식을 고객, 코칭 관계 및 코칭진행에 집중한다.

4.3.3 고객, 코칭 관계 및 코칭진행에서 일어나는 것을 있는 그대로 느끼고 알아차린다.

4.3.4 자신의 직관과 내면의 소리도 알아차린다.

4.3.5 고객의 감정에 공감하되, 감정을 제압하거나 감정에 말려들지 않고 평정심을 유지한다.

4.3.6 고객과 코칭 관계에 도움이 될 수 있는 새로운 가능성, 관점, 시도를 자신감 있게 제안하고 활용한다.

5 적극적 경청(Active Listening)

5.1 정의: 고객의 단어, 목소리, 표정, 미묘한 차이(nuance), 이면에 감추어진 것 등에 온전히 주의를 기울이고, 고객이 말로 표현하는 것과 그 이상을 경청함으로써 고객을 보다 깊이 인식하는 능력.

5.2 핵심요소: 순수한 호기심, 말로 표현된 것과 표현되지 못한 것, 언어와 비언어, 감정─욕구─의도, 판단 없는 사실, 이면의 역동, 그림자, 부분자아, 반영

5.3 효과적인 행동

5.3.1 판단이나 선입견이 없는 순수한 호기심을 가지고 경청한다.

5.3.2 잘 듣고 있음을 언어와 비언어를 활용하여 보여준다.

5.3.3 고객의 말에서 핵심단어와 말하고자 하는 핵심내용을 포착한다.

5.3.4 고객의 언어와 비언어를 통해 고객의 감정, 욕구, 의도를 포착한다.

5.3.5 고객이 스스로 판단, 제한하고 있는 것을 포착한다.

5.3.6 고객의 언어와 비언어를 통해 불협화음, 내적저항, 동시발생, 이면의 역동, 그림자, 부분자아 등을 포착한다.

5.3.7 코치의 관심사가 아닌 고객의 관심사, 목표, 가치, 가능한 것과 가능하지 않은 것에 대한 믿음에 귀를 기울인다.

5.3.8 고객 스스로 자신을 더 드러낼 수 있도록 여백을 제공하고 경우에 따라 표현을 거들어주거나 추가질문을 한다.

6 깨끗한 대화(Clean Communication)

6.1 정의: 고객 코칭 관계, 코칭상황에 대해 판단, 선입견, 군더더기 없이 효과적으로 표현하고 나누는 능력.

6.2 핵심요소: 직접적인 대화, 깨끗한 목소리, 명료한 표현, 중립적 표현, I-message, 비폭력 대화, 포착-허락 구하기-공유 및 확인, 고객 중심

6.3 효과적인 행동

6.3.1 목소리를 가능한 한 깨끗하게 하고 고객의 눈높이에 맞는 명료한 표현을 활용한다.

6.3.2 말하는 속도와 에너지를 효과적으로 사용한다.

6.3.3 고객이 간결하게 자신의 뜻을 표현할 수 있도록 돕는다.

6.3.4 고객의 자기노출과 감정표현을 돕는다.

6.3.5 고객이 표현한 것을 명확하고 확실히 이해하기 위해 고객이 말한 것을 요약하고, 바꿔 말하고, 반복하거나 반영해 준다.

6.3.6 고객의 아이디어와 인식을 종합 정리하고 그 토대 위에서 코칭을 전개한다.

6.3.7 포착한 것을 중립적으로 나누고 확인한다.

6.3.8 고객의 기분과 사정에 민감함을 유지하면서도 직접적으로 말한다.

6.3.9 에둘러서 말하지 않고 코칭의 효과와 효율을 높일 수 있는 가장 빠른 방식으로 대화한다

6.3.10 다음 단계로 넘어가기 위해, 판단하거나 집착하지 않고 고객이 스스로 상황을 정리하게 한다.

7 발견과 명확화(Discovering & Identifying)

7.1 정의: 혼란이나 불확실성을 줄이고 제거하며, 고객의 이해와 자신감을 높이는 능력.

7.2 핵심요소:

7.2.1 고객 노출, 목적, 사명, 비전, 정체성, 강점, 스타일, 핵심가치, 신념, 전략, 패러다임, 욕구, 동기와 에너지의 원천

7.2.2 핵심이슈 파악, 장애 확인, 판단 배제, 유도 금지, 욕구와 의도의 식별, 의도와 행동의 정렬, 원인과 증상 구별, 급한 것과 중요한 것, 우선순위

7.3 효과적인 행동

7.3.1 고객이 자신의 목적, 사명, 비전, 정체성, 강점 스타일, 핵심가치, 신념, 전략, 패러다임, 욕구, 동기와 에너지의 원천 등을 발견할 수 있도록 질문과 경청을 통해 돕는다.

7.3.2 코치가 발견한 것을 고객과 나누고 고객의 확인을 받는다.

7.3.3 고객이 이미 알고 있거나 경험한 것과 연결시킨다.

7.3.4 반복되는 패턴을 확인한다.

7.3.5 발견을 돕는 열린 질문을 활용한다.

7.3.6 발견한 것을 효과적으로 표현할 수 있도록 은유법, 직유법 등을 활용하거나, 표현 사례를 활용한다.

7.3.7 고객의 발견과 명확화를 높이는 문장이나 문서를 만들고 활용한다.

8 잠재력 확장(Expanding Potential)

8.1 정의: 고객이 자신의 가능성과 잠재력을 인식하고 개발 및 확장하도록 돕는 능력.

8.2 핵심요소: 선인식 후반응, 인정과 축하, 활용한 것과 활용하지 못한 것, X배 성공, 동기 강화, 제한에 도전, 개발 및 활용

8.3 효과적인 행동

8.3.1 고객의 잠재력과 가능성을 진정으로 믿고, 그 믿음을 표현한다.

8.3.2 고객이 잘하는 것을 발견하고 극대화할 수 있도록 돕는다.

8.3.3 고객이 자신의 잠재력과 가능성을 발견하고 확장 및 개발할 수 있도록 고무하고 촉진한다.

8.3.4 고객의 행동과 성과에 관한 구체적이고 긍정적인 피드백을 준다.

8.3.5 고객이 인식한 후에 인정, 칭찬, 축하 등의 반응을 진정성을 가지고 보여준다.

8.3.6 발견한 고객의 능력, 장점, 재능, 지식, 경험, 가능성 등을 상기시킨다.

8.3.7 고객 스스로가 제한하고 있는 점을 인식할 수 있도록 돕고, 그 너머를 볼 수 있게 하고, 기존의 틀과 방식에 변화를 가져올 수 있도록 돕는다.

8.3.8 고객이 새로운 전략과 경로를 찾을 수 있도록 돕는다.

9 온전함 인식(Recognizing Wholeness)

9.1 정의: 고객의 놓친 기회, 단기적 손해, 현실의 힘든 점 등 부정적인 점 이면에 있는 긍정적인 점, 더 큰 진리, 큰 그림을 고객이 인식할 수 있도록 도움으로써, 부정적 에너지를 긍정적 에너지로 전환할 수 있도록 돕는 능력.

9.2 핵심요소: 고객의 부정적 반응과 함께 함, 공감, 에너지 전환, 큰 그림 용서와 감사,

오히려 유익.

9.3 효과적인 행동

9.3.1 고객의 부정적 감정에 공감하되 압도당하거나 휩쓸리시 않고 평정심을 유지한다.

9.3.2 고객이 놓친 기회, 단기적 손해, 실망, 현실의 힘든 점 등으로 인해 드러내는 부정적 감정에 공감하고 고객의 반응과 함께 한다.

9.3.3 고객이 이면의 긍정적인 점, 더 큰 진리, 큰 그림을 볼 수 있도록 돕는다.

9.3.4 고객이 부정적인 감정으로 인해 발생하는 고객에게 유익하지 않은 반응적 행동을 하는 대신 긍정적이고 유익한 선택적 행동을 할 수 있도록 돕는다.

9.3.5 고객이 고통스러운 사건을 받아들이고 성장과 발전의 자원으로 활용할 수 있도록 돕는다.

9.3.6 고객이 부정적 감정을 내려놓고 앞으로 전진할 수 있는 긍정적 에너지를 발견하고 높일 수 있도록 돕는다.

10 행동 설계(Designing Actions)

10.1 정의: 고객이 의도한 목표를 달성하는 데에 도움이 되는 대안적 행동들을 도출하고 가장 최적의 대안을 선택할 수 있도록 돕는 능력.

10.2 핵심요소: 새 인식과 배움의 정리, 아이디어와 해결방안 탐구, 대안평가와 선택, Being과의 적합성, 외적자원과 내적자원, 효과성과 용이성, 발산과 수렴, 다다익선

10.3 효과적인 행동

10.3.1 고객이 자신의 새로운 인식과 배움을 정리할 수 있도록 돕고, 실행과 학습을 위한 행동을 설계할 수 있도록 돕는다.

10.3.2 고객이 아이디어와 해결방안들을 탐구하고, 선택방법들을 평가하고, 관련된 결정을 내리도록 돕는다.

10.3.3 고객의 대안적 행동이 고객의 목적, 사명 비전 핵심가치와 부합하는지 검토

할 수 있도록 돕고, 그것들에 부합하는 행동을 설계할 수 있도록 돕는다.

10.3.4 새로운 생각, 새로운 행동가능성을 발견하도록 고객의 사고와 시각에 도전적인 질문을 한다.

10.3.5 고객이 가능한 한 바로 실행할 수 있게 도와주고 즉각적으로 지원한다.

10.3.6 대안도출을 고무하고 촉진하되 고객의 속도를 존중한다.

10.3.7 대안적 행동의 도출을 돕는 다양한 코칭툴과 질문들을 사용한다.

11 후원 환경 조성(Designing Supportive Environments)

11.1 정의: 고객의 발전을 앞당기고 유지하는 데 필요한 관계/도구/시스템/구조를 확인하고 조성하도록 돕는 능력

11.2 핵심요소: 최적 환경, 관계, 네트웍, 도구, 시스템 구조, 물리적 환경, 생태 환경, 점검시스템 실행 촉진

11.3 효과적인 행동

11.3.1 고객이 원하는 행동과 결과를 얻는데에 투입대비 효과가 좋은 환경을 조성할 수 있도록 돕는다.

11.3.2 고객에게 필요할 만한 시스템을 구별해 내도록 돕고, 고객의 분석과 평가, 실현 가능한 시스템과 구조에 대해 피드백을 제공한다.

11.3.3 시스템과 구조를 통해 고객의 능력을 확장할 방법들을 고객과 함께 적극적으로 찾는다

11.3.4 고객을 후원하고 보완할 시스템과 구조를 적극적으로 제안한다.

11.3.5 고객이 시스템과 구조의 지속가능성을 다루도록 후원한다.

11.3.6 어떤 자원이나 시스템, 구조에 대한 고객의 반응에 집착하지 않는다.

12 존중과 즐김(Respecting and Enjoying)

12.1 정의: 고객의 문화, 한계, 패러다임, 세계관 등을 있는 그대로 존중하고, 고객의 행동과 존재자체를 수용하며, 고객이 어떤 상태이더라도 유연성을 가지고 함께 하는 능력.

12.2 핵심요소: 문화/한계/패러다임/세계관/속도/스타일 존중, 과정/실수/존재를 즐기기, 고객과 춤을

12.3 효과적인 행동

12.3.1 고객의 어떠한 생각/반응/행동/행동결과에도 평정심을 유지하면서 수용하고 존중한다.

12.3.2 평정심을 바탕으로 수용하고 존중하는 태도를 보여준다.

12.3.3 고객이 스스로 받아들이지 못하는 자신의 모습에 대해서도 수용하고 즐긴다.

12.3.4 고객의 행동과 존재자체를 수용하며, 고객이 어떤 상태이더라도 고객과 함께 한다.

12.3.5 코치가 코칭 과정과 코치 자신의 존재를 즐기며, 실수조차도 즐기는 태도를 보인다

12.3.6 코칭과 코칭과정을 즐기기는 데에 방해가 되는 요소들을 고객과 중립적으로 나누고, 고객의 합의하에 제거하거나 조절한다.

12.3.7 과도한 부담으로 작용하는 기대나 목표치를 인식 및 조절하고 코치와 고객으로서의 관계를 분명히 한다

이 역량기준은 ICA 이사회에서 2016년 8월에 채택되었음.

Adopted by the ICA Global Board of Directors Aug. 2016.

국제코치연합 윤리규정 준수 서약서
(ICA Coach's Code of Ethics Pledge)

나는 국제코치연합의 인증코치로서 국제코치연합의 윤리규정을 항상 준수하여 국제코치연합의 명예를 지켜 나갈 것을 서약합니다.

나는 이 윤리서약 및 ICA 윤리규정의 어떤 부분을 위반하는 경우, ICA의 재량으로 그 행위에 대한 책임을 물을 수 있음을 동의합니다. 나아가 어떤 위반에 대해 ICA가 나의 회원자격박탈 및 인증취소 등의 제재조치를 포함할 수 있음을 동의합니다.

I hereby pledge to live up to my certification as a ICA Certified Coach by following its Code of Ethics.

If I breach this Pledge of Ethics or any part of the ICA Code of Ethics, I agree that the ICA in its sole discretion may hold me accountable for so doing. I further agree that my accountability to the ICA for any breach may include sanctions, such as loss of my ICA Membership and/or my ICA Credentials.

20   .   .   .

지원자(Coach's name):   (sign)

(주)국제코치연합 귀중

Messrs. International Coach Alliance

국제코치연합윤리 규정
(ICA Code of Ethics)

1. 개념 정의(Definitions)
2. ICA의 코칭 철학(Philosophy)
3. ICA 코치의 윤리 규정(Coach's Code of Ethics)

1. 개념 정의(Definitions)

가. 코칭(Coaching)

코칭은 코치와 코칭을 받는 사람이 파트너를 이루어, 고객이 효과적으로 달성하며, 성장할 수 있도록 지원하는 과정이다.

나. 코치(Coach)

코치는 고객을 돕기 위에서 여러 분야(개인의 삶이나 기업 등)에서 종사한다. 또한 코치는 훈련기관이나 멘토 코치를 통해서 구제적인 트레이닝을 받고, 개인적인 삶의 경험을 코치로서 종사하는 데 사용하거나 활용한다.

코치는 코치, 상담가, 혹은 조력자를 포함한 다양한 명정을 사용할 수 있다. 각 코치는 본인의 진도를 자신만의 방식으로 기록할 수 있지민, 성취도는 항상 고객의 진척 상태에 따라서 결정된다.

다. 고객(Client)

고객에는 (a)코칭을 받는 사람이나 조직, (b)코칭비를 지불하는 사람이나 조직 및 기타 (c)이해관계자가 있을 수 있다.

(a)를 '코칭고객(Coaching Client)' 또는 '코치(Coachee)'라고 부르며, (b)를 후원자' 또는 '스폰서(Sponsor)'라고 하고 (c)를 '이해관계자(interested parties)' 또는 '관계자(persons concerned)'라고 한다

라. 직업적 코칭 관계(Professional Coaching Relationship)

직업으로서의 코칭 관계는 고객이 삶, 일, 경력, 조직 등에서 훌륭한 성과를 낳을 수 있도록 도움을 주는, 지속적인 직업상의 관계이다. 코칭 프로세스를 통해서 고객은 지식이 깊어지고 성과를 향상시켜 생활의 질을 향상시켜 나간다.

코칭 세션에서는 매회 고객이 대화의 주제를 선택하며, 코치는 귀를 기울이고 관찰하며 질문을 한다. 이 상호 교류에 의해서 해결하고자 하는 이슈나 문제가 명확해지고 고객은 행동을 하게 된다.

코칭은 고객이 현재 어느 상태에 있고, 장래 도달하고 싶은 상태에 이르기 위해서 무엇을 하려고 하고 있는가에 집중한다. 코칭은 고객이 선택한 사항에 집중하고 의식을 확장하도록 도움으로써 고객이 앞으로 나아가도록 촉진한다.

코치는 코치의 노력과 코칭프로세스를 적용하여 지원한 그 성과가 고객 자신의 의지, 선택 행동에 달렸다는 것을 인지하고 있다.

2. 코칭 철학(Coaching Philosophy)

가. 우리는 사람들이 창의적이고 자원이 있으며 온전하다고 믿습니다.

(We believe that people are Creative, Resourceful, and Whole.)

나. 우리는 사람들이 자신의 삶과 일에서 전문가라고 믿습니다.

(We believe that People are experts in his/her life and work.)

다. 우리는 우리의 외부세계가 우리의 내면세계와 상응한다고 믿습니다.

(We believe that our outer world Correspond with our inner world.)

라. 우리는 실패는 없고 피드백만이 있다고 믿습니다.

(We believe that there is no failure, only Feedback.)

마. 우리는 사람들의 세계모형을 존중합니다.

(We Respect for people's model of the world.)

3. 코치의 윤리 규정(Coach's Code of Ethics)

가. 능력

코치는 직장 내에서 높은 수준의 직업적 능력을 유지해야 한다.

나. 도덕성

코치는 정직하고 공정한 자세로 임하며, 스스로가 가진 고유한 능력과 한계를 인지해야 한다.

코치는 스스로가 가진 신념, 가치, 요구 및 한계를 파악하고, 그것들이 업무에 어떤 영향을 미치는지 생각해야 한다. 코치는 가능한 한 관련된 당사자들에게 코치의 역할을 명확하게 알리고, 코치의 역할에 걸맞게 처신한다.

다. 차별 금지

우리는 모든 프로그램 및 활동에 있어서 인종, 피부색, 국적, 성별, 연령, 장애 여부, 정치 성향, 성적 지향, 그리고 결혼 여부 및 가족사항에 따른 일체의 차별을 금지한다. 우리는 인종, 피부색, 국적 혹은 민족, 성별 결혼 여부, 장애 여부, 종교, 정치 성향, 성적 지향이나 다른 주요 성향을 이유로, 개인이나 단체가 타인이나 다른 단체에게 부당한 대우를 받거나, 혹은 우리의 자유로운 활동을 제지당했을 때 이를 차별 행위로 규정한다

라. 직업적 책임

코치는 윤리적 기준을 엄격하게 지키고 행농함으로써 개인의 삶과 일이 전체에 드러나도록 한다.

마. 타인의 권리 및 권위 존중

코치는 고객을 존중하고 문화적인 차이와 고객의 주권, 사생활 및 비밀 보장 권리를 자각하며 행동한다. 코치는 모든 이의 기본권, 존엄, 그리고 가치가 있음을 존중한다. 코치는 개인의 사생활, 비밀 보장, 자기 결정, 자주성을 존중하며, 법적 의무와 기타 의무가 그 권리들을 이행할 시 갈등을 빚을 수 있다는 것을 감안해야 한다. 코치는 문화적, 개인적, 그리고 역할적인 차이를 자각해야 한다. 이는 연령, 성별, 인종, 민족,

국적, 종교, 성적 지향, 장애 여부, 언어, 그리고 사회경제적 지위로 인한 차이도 포함된다. 코치는 이러한 요소로 인한 편견이 업무에 영향을 주지 않도록 한다. 또한 불공정한 행동임을 알면서도 이에 동참하거나 그러한 행동을 용납하지 않는다.

바. 사생활 및 비밀 보장

이 원칙들은 모든 코치의 직업 활동에 적용될 수 있다.

1) 비밀 보장과 한계 논의

가) 코치는 고객의 사생활의 권리를 존중한다. 서비스를 제공하는 목적이나 연구에 적용하려는 목적이 아니라면 코치는 고객에게 사적인 정보를 얻지 않는다. 또한 정보를 알려주면, 비밀 보장의 규칙이 적용된다.

나) 직업적 관계가 시작되는 순간 그리고 추후에 필요한 상황에는 그것이 금지되거나 불가능한 경우가 아니라면 비밀 보장을 논의해야 한다.

다) 코치는 비밀 보장의 성격 및 한계를 고객과 다른 관계자들과 논의한다. 코치는 비밀 정보가 필요하거나 공개될 수 있는 상황을 면밀히 점검한다

라) 직업적 서비스를 제공하는 과정에 알게 되는 정보는 모두 비밀로 다루어진다. 그 정보를 공개할 뚜렷한 직업적 이유가 존재하지 않는다면, 모두 비밀로 다루어진다. 단 고객이나 타인에게 즉각적인 해를 끼칠 것을 막기 위해서라면 코치는 구체적인 발표 없이 비밀 정보를 공개할 수 있다. 모든 상황에서, 코치는 공개되는 정보의 양을 현명하게 결정해야 한다.

2) 비밀 보장 유지

가) 코치는 함께 일하거나 상담하는 사람의 비밀 보장 권리를 보호하는 것에 근본적으로 신중하게 임한다. 코치는 직업적 관계, 기관의 규제 및 또는 법으로 인하여 비밀 보장이 성립된다는 것을 인지한다.

나) 사생활이 보장되지 않는 상황에서 코치는 결코 비밀 정보를 논의하지 않는다.

다) 코치는 적절한 직업, 상담 혹은 과학적 목적을 위해서만 비밀 정보를 논의한다. 또한 그런 문제에 명백하게 관련이 있는 사람에게만 비밀 정보를 논의한다.

라) 대중과 미디어를 상대로 일할 때(직업적 발표나 글을 쓸 때를 포함하여), 코치는 철저하게 고객의 비밀을 보장하고, 반드시 고객의 개인적 신원이 밝혀지지 않도록 한

다. 코치는 고객이나 법적 권한을 부여받은 개인이 서면 동의를 해준 경우에만 비밀 정보를 공개할 수 있다.

마) 코치는 서로 비밀 관계에 있는 고객의 정체를 밝힐 가능성이 있는 비밀 정보 또한 코칭 시에 공개하지 않는다. 코치는 이런 정보를 오직 고객의 동의를 미리 받은 경우나 공개가 불가피한 경우에만 공개할 수 있다. 또한 코치는 코칭의 목적을 달성하기 위해 필요한 만큼만 정보를 공개할 수 있다.

바) 코치는 업무를 중단하거나, 자격을 박탈당하거나 혹은 사망할 경우 고객의 비밀 보장을 위해 적절한 조치를 취한다.

사) 코치는 이 윤리강령에 따라서 고인이 된 고객의 비밀을 보장해야 한다.

3) 기록 및 정보 관리

가) 코치는 본인이 권한을 가진 기록을 만들고, 접근하고, 옮기고, 삭제할 때 비밀을 보장하며 이 윤리강령과 자국법에 따른다.

나) 코치는 전화, 음성 메시지, 컴퓨터, 이메일, 인스턴트 메신저, 팩스 그리고 다른 정보 통신 기술 자료를 통해서 소통된 정보의 비밀 보장을 확실하게 하고 유지하기 위해서 주의한다.

다) 코치는 고객을 최우선으로 하는 목적으로, 현실적이고 법적인 조치를 취해서, 기록들을 남기도록 한다.

4) 정보 공개

가) 법으로 금지되지 않는 경우에, 코치는 고객이나 고객 대신에 법적으로 동의할 권한이 주어진 사람이 서면 동의를 한 경우에만 비밀 정보를 공개한다.

나) 코치는 법으로 정해지거나 허가된 경우에만 고객의 동의 없이 비밀 정보를 공개할 수 있다.

다) 코치는 가능한 한 고객에게 비밀 정보의 공개에 대해서 알려주고, 공개하기 전에 예상되는 영향을 말해준다.

라) 코치는 적절한 서면 동의가 있는 경우에만 제3자에게 비밀 정보를 공개한다.

마) 코치는 법으로 요구되는 경우나 비밀 정보가 고객이나 타인을 해치고 건강에 악영향을 줄 수 있는 경우에 특정 비밀 정보를 반드시 공개해야 한다.

사. 윤리와 자국법의 상관관계

1) 코치가 활동하는 국가의 자국법이 국제코치연합의 윤리규정보다 더욱 큰 힘을 갖지만, 최소한 코치는 국제코치연합의 윤리규정을 지키도록 힘써야 한다.

2) 코치는 불법적인 활동에 참여하지 않는다. 불법적인 활동에는 저작권, 지적 재산권 및 특허권 침해와 그 외의 것들이 포함된다.

이 윤리규정은 ICA 이사회에서 2016 년 8월에 채택되었음.

Adopted by the ICA Global Board of Directors Aug. 2016.

코칭 동의서

고객(Client)

나는 당신과 함께 코칭시간을 갖게 된 것을 매우 기쁘게 생각합니다. 나는 우리가 합의한 것들과 과제들을 성실히 완수할 것이며, 우리의 시간을 최대한 활용할 수 있도록 약속 시간을 지키겠습니다. 나는 이 관계에서 지속적으로 당신과 함께 주도적인 자세를 취하겠습니다. 나는 내 삶에 대해 스스로 책임지고, 내가 취해야 할 행동과 작업해야 할 과제에 대해 관심을 갖고 실행할 것입니다. 또한 당신이 나와 나누는 것을 분별을 갖고 존중하겠습니다. 나는 당신이 오직 개인적인 용도로만 코칭 자료들을 나에게 제공한다는 것을 인정합니다. 나는 당신의 허가 없이 그것들을 팔거나 복사하거나 유포하거나 다른 이들과 같이 사용하지 않을 것을 약속합니 다.

코치(Coach)

나는 당신을 코칭하게 되어 매우 기쁩니다. 우리가 우리의 시간을 최대한 활용할 수 있도록 시간을 지키고 잘 준비하겠습니다. 나는 당신이 더욱 성장하고 역량을 개발하여 다른 이들에게 좋은 영향을 미치는 것을 보기 원합니다. 나는 당신이 신뢰하는 파트너가 될 것이며, 배려와 성실로 임하겠습니다. 또한 당신과 나누는 내용에 대해 분별을 갖고 존중하겠습니다. 나는 최대한 좋은 코칭을 제공하기 위하여 최선을 다하겠습니다.

코칭 약속

1) 만남의 횟수: 우리의 코칭은 _____ 년 ____ 월 ____ 일부터 ___ 주일에 ___ 회 ___ 분씩 정기적으로 진행합니다.

2) 코칭 기한: 나는 _____ 년 ____ 월 ____ 일 까지 코칭 시간 및 실행에 헌신합니다.

3) 실행: 우리는 시간을 내어 우리의 관계가 어떻게 진행되는지를 재고찰하고 주어진 과제나 실행계획을 충실히 하며 배운 것을 현장에 적용하겠습니다.

4) 일정준수: 나는 코칭 일정을 존중하고 모든 노력을 기울여 변경과 취소를 최소화하겠습니다.

6) 일정조정: 만일 일정조정이 필요한 경우 내가 자진하여 가능한 미리 알리고 약속 변경을 하겠습니다. (최소한 24시간 이내)

_____ 년 ____ 월 ____ 일

〈코치(Coach)〉

이메일:

핸드폰:

성 명: (sign)

〈고객(Client)〉

이메일:

핸드폰:

성 명: (sign)

코칭 준비 양식
(SESSION PREPARATION FORM)

작성자: _____ 코칭일시: _____

코칭을 준비하는 데 좋은 방법인 이 양식의 작성은 당신의 코칭 세션을 최대한 활용할 수 있게 합니다.

이번 코칭시간 전까지 하기로 약속한 것은 무엇입니까?

실행 목표	달성률 (%)	만족도 (10점 만점)	비고

그 외에 지난 코칭시간 이후 내가 성취한 것은 무엇입니까?

☐

☐

아직 끝마치지 못한 것, 생각대로 안 된 것은 무엇입니까?

☐

☐

지금 직면해 있는 과제들은 무엇입니까?

☐

☐

감사하고 고마운 것들은 무엇입니까?

☐

☐

이번 코칭 시간에 나누고 싶은 주제는 무엇입니까?

☐

☐

이번 코칭세션을 통해 새롭게 발견한 것이나 정리된 생각은?

☐

다음 한 주간 실행 목표는?

분야	실행 목표(SMART 목표)	첫 SMART 행동(1st Step)

COACH 피드백 점수 기준

점수기준 기본 Guide

1: 코칭이 아닌 방식, 지양해야 할 언행과 태도 수준.

2: 최소한의 기본 질문을 구사하고 프로세스를 의식적으로 따라가는 수준.

3: 응용질문을 구사하며 프로세스를 자연스럽게 진행하는 정도.

4: 능숙하게 진행할 수 있으며 프로세스를 의식하지 않고 코치의 의식의 반 이상이 고객에게 있는 정도.

5: 프로코치로서 충분히 인정받을 수 있는 수준. 새 의식, 새 감정, 새 에너지, 새 가능성을 발견하는 수준.

COACH 역량	각 역량 별 세부 점수 기준
Connection **관계형성** 바람직한 코칭 관계 형성 및 유지	• 지지와 포용의 바람직한 코칭 관계를 형성하고 지속적으로 유지, 발전시킨다.
	• 1: 코칭 관계가 형성되지 못함(기분을 상하게 함. 부정적 감정 증가) • 2: 최소한의 관계 형성 및 유지 • 3: 코칭 관계로서 양호한 수준 • 4: 코칭 관계로서 바람직한 수준 • 5: 고객의 존재가 충분히 받아들여지고 코칭 전반에서 개방적이고 지지받는 환경 유지됨.
Outcome **목표 발견** 주제동의 및 목표 발견	• 고객과 주제를 동의하고 구체적인 목표를 발견한다.
	• 1: 고객이 원하는 주제를 파악하지 못하거나 주제를 벗어남. • 2: 고객의 주제를 파악하나 구체화 시키는 데에 어려움. • 3: 고객의 주제를 효과적으로 파악하고 구체적 목표에 대한 동의를 도출함. • 4: 효과적으로 주제를 파악하고 목표를 구체화하며, 코칭 맥락을 잘 유지함. • 5: 이 면의 진짜 주제 및 새 주제를 도출함. 코칭세션의 만족기준을 효과적으로 합의하고 관리함.
Awareness **상황인식** 현실상황인식 및 장애 파악	• 현실 상황을 인식하고 목표를 이루는 데 장애가 되는 것을 파악한다.
	• 1: 고객의 현실상황을 파악하기보다는 판단한다. • 2: 기본 질문을 통해 어려운 현실을 듣는다. • 3: 응용 질문을 활용하고 고객의 감정과 사실을 경청한다. • 4: 다른 관점에서 볼 수 있게 하고 가능성을 느낄 수 있게 한다. • 5: 새로운 관점으로 현실을 인식하게 하고 자연스런 EDIT 공감경청을 한다.
Chances **대안도출** 대안 도출 및 대안 선택	• 문제를 해결할 수 있는 자원과 대안을 고객 스스로 찾을 수 있도록 돕는다.
	• 1: 충고와 답을 준다. • 2: 기본 질문을 통해 해결방안을 도출화다. • 3: 응용 질문을 활용하여 새로운 방안을 도출한다. • 4: 다양한 자원과 가능성을 인식하게 하고 새로운 접근방법을 도출한다. • 5: 내면에 잠재된 자원을 찾아내고 새로운 자원의 방안을 도출한다.
Hands-on **experience** **실행/점검** 실행/점검 계획 및 상호 책임	• 고객이 구체적인 실행계획을 설계하도록 돕고 상호책임을 합의하며 지킨다.
	• 1: 구체적인 실행계획이 없다. • 2: 기본 질문을 통해 기본적인 상호책임을 합의한다. • 3: 응용 질문을 활용하여 구체적인 실행계획을 수립하고 상호책임을 합의한다. • 4: 다양한 방법으로 실행을 지원한다. • 5: 체계적인 후원환경을 통해 실행을 지원한다.

코칭 실습 피드백

코치: _____ 피드백: _____ 날짜 _____ 시작시간: _____ 종료시간: _____

코칭 역량	내용		점수
	긍정적 사례	개발할 사례	
Connection **관계형성** 바람직한 코칭 관계 형성 및 유지			
Outcome **목표 발견** 주제동의 및 목표 발견			
Awareness **상황인식** 현실상황인식 및 장애 파악			
Chances **대안도출** 대안 도출 및 대안 선택			
Hands-on **experience** **실행/점검** 실행/점검 계획 및 상호 책임			
좋았던 점			총점
개발할 점			
총평			

점수기준
1: 코칭이 아닌 방식, 지양해야 할 언행과 태도 수준.
2: 최소한의 기본 질문을 구사하고 프로세스를 의식적으로 따라가는 수준.
3: 응용질문을 구사하며 프로세스를 자연스럽게 진행하는 정도.
4: 능숙하게 진행할 수 있으며 프로세스를 의식하지 않고 코치의 의식의 반 이상이 고객에게 있는 정도.
5: 프로코치로서 충분히 인정받을 수 있는 수준. 새 의식, 새 감정, 새 에너지, 새 가능성을 발견하는 수준.
＊코칭 후 고객의 상태와 반응에 따라 1-3점을 추가할 수 있음.

코칭 실습 피드백

코치: _____ 피드백: _____ 날짜 _____ 시작시간: _____ 종료시간: _____

코칭 역량	내용		점수
	긍정적 사례	개발할 사례	
Connection **관계형성** 바람직한 코칭 관계 형성 및 유지			
Outcome **목표 발견** 주제동의 및 목표 발견			
Awareness **상황인식** 현실상황인식 및 장애 파악			
Chances **대안도출** 대안 도출 및 대안 선택			
Hands-on experience **실행/점검** 실행/점검 계획 및 상호 책임			
좋았던 점			총점
개발할 점			
총평			

점수기준
1: 코칭이 아닌 방식, 지양해야 할 언행과 태도 수준.
2: 최소한의 기본 질문을 구사하고 프로세스를 의식적으로 따라가는 수준.
3: 응용질문을 구사하며 프로세스를 자연스럽게 진행하는 정도.
4: 능숙하게 진행할 수 있으며 프로세스를 의식하지 않고 코치의 의식의 반 이상이 고객에게 있는 정도.
5: 프로코치로서 충분히 인정받을 수 있는 수준. 새 의식, 새 감정, 새 에너지, 새 가능성을 발견하는 수준.
＊코칭 후 고객의 상태와 반응에 따라 1-3점을 추가할 수 있음.

ICA 국제코치연합
International Coach Alliance

코칭 실습 피드백

코치: _____ 피드백: _____ 날짜 _____ 시작시간: _____ 종료시간: _____

코칭역량	내용		점수
	긍정적 사례	개발할 사례	
Connection **관계형성** 바람직한 코칭 관계 형성 및 유지			
Outcome **목표 발견** 주제동의 및 목표 발견			
Awareness **상황인식** 현실상황인식 및 장애 파악			
Chances **대안도출** 대안 도출 및 대안 선택			
Hands-on **experience** **실행/점검** 실행/점검 계획 및 상호 책임			
좋았던 점			총점
개발할 점			
총평			

점수기준
1: 코칭이 아닌 방식, 지양해야 할 언행과 태도 수준.
2: 최소한의 기본 질문을 구사하고 프로세스를 의식적으로 따라가는 수준.
3: 응용질문을 구사하며 프로세스를 자연스럽게 진행하는 정도.
4: 능숙하게 진행할 수 있으며 프로세스를 의식하지 않고 코치의 의식의 반 이상이 고객에게 있는 정도.
5: 프로코치로서 충분히 인정받을 수 있는 수준. 새 의식, 새 감정, 새 에너지, 새 가능성을 발견하는 수준.
＊코칭 후 고객의 상태와 반응에 따라 1-3점을 추가할 수 있음.

코칭 실습 피드백

코치: _____ 피드백: _____ 날짜 _____ 시작시간: _____ 종료시간: _____

코칭역량	내용		점수
	긍정적 사례	개발할 사례	
Connection **관계형성** 바람직한 코칭 관계 형성 및 유지			
Outcome **목표 발견** 주제동의 및 목표 발견			
Awareness **상황인식** 현실상황인식 및 장애 파악			
Chances **대안도출** 대안 도출 및 대안 선택			
Hands-on **experience** **실행/점검** 실행/점검 계획 및 상호 책임			
좋았던 점			총점
개발할 점			
총평			

점수기준
1: 코칭이 아닌 방식, 지양해야 할 언행과 태도 수준.
2: 최소한의 기본 질문을 구사하고 프로세스를 의식적으로 따라가는 수준.
3: 응용질문을 구사하미 프로세스를 자연스럽게 진행하는 정도.
4: 능숙하게 진행할 수 있으며 프로세스를 의식하지 않고 코치의 의식의 반 이상이 고객에게 있는 정도.
5: 프로코치로서 충분히 인정받을 수 있는 수준.새의식, 새감정, 새에너지, 새가능성을 발견하는 수준.
*코칭 후 고객의 상태와 반응에 따라 1- 3점을 추가할 수 있음.

ICA 국제코치연합
International Coach Alliance

코칭 보고서

_____ 회차 / 총 _____ 회

고객명: _____   날짜 _____ 시작시간: _____

코치명: _____   종료시간: _____

구분	내용
실행 및 과제 점검	
주제 및 코칭이슈	
주요내용	
적용틀 및 기법	
실행계획 및 실행과제	
고객의 코칭 소감	
코치의 코멘트 코칭 반성	
기타 약속 사항	

다음 코칭 날짜: _____   시작 시간: _____

코칭 보고서

_____ 회차 / 총 _____ 회

고객명: _____   날짜 _____ 시작시간: _____

코치명: _____   종료시간: _____

구분	내용
실행 및 과제 점검	
주제 및 코칭이슈	
주요내용	
적용틀 및 기법	
실행계획 및 실행과제	
고객의 코칭 소감	
코치의 코멘트 코칭 반성	
기타 약속 사항	

다음 코칭 날짜: _____   시작 시간: _____

코칭 보고서

_____ 회차 / 총 _____ 회

고객명: _____   날짜 _____   시작시간: _____

코치명: _____   종료시간: _____

구분	내용
실행 및 과제 점검	
주제 및 코칭이슈	
주요내용	
적용틀 및 기법	
실행계획 및 실행과제	
고객의 코칭 소감	
코치의 코멘트 코칭 반성	
기타 약속 사항	

다음 코칭 날짜: _____   시작 시간: _____

The first step to International Certified Coach

Future Creation Coaching Leadership

The course is designed for an introductory level of Coaching for those who are completely new to the Coaching so that newbie could get the basic competencies in short period effectively.
Developed based on International Coaching Training Techniques with accumulated know-how in more than 10 years.
Besides as an introductory for Preliminary Professional Coaches, it will be expeditiously and effectively reinforcing the Coaching Leadership Competencies and interpersonal skills of leaders, so that immediately possible to experience the positive power of Coaching dialogue in the area of business and own lives.

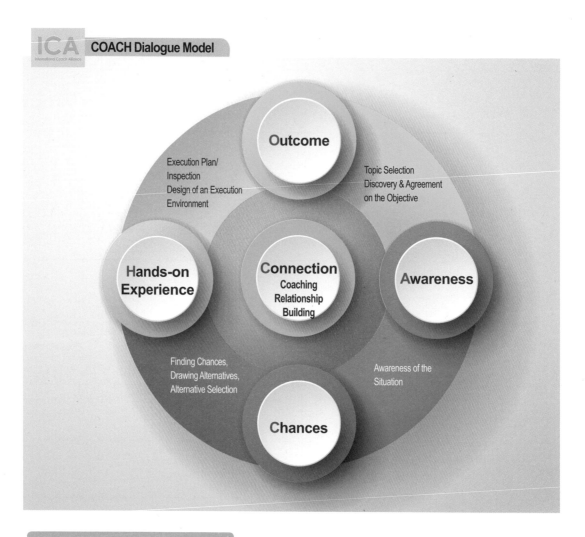

ICA International Coach Alliance **COACH Dialogue Model**

Outcome

Execution Plan/
Inspection
Design of an Execution
Environment

Topic Selection
Discovery & Agreement
on the Objective

**Hands-on
Experience**

Connection
Coaching
Relationship
Building

Awareness

Finding Chances,
Drawing Alternatives,
Alternative Selection

Awareness of the
Situation

Chances

Eligible candidates for the course

— For those who want to start to work as an International Certified Coach, for those who want to get the CAC Certification of International Coach Alliance.
— Organization Leader, CEO, Executives, Human Resources, Teacher, Educator, Parents, Consultant, Counsellor
— Public Official, Nonprofit Organizer, for those who want a positive change in oneself and self-growth.

Course Feature

- The introductory course of dealing with Education and Certification at once for International Certified Coach.
- Designed to acquire in short period effectively for the Coaching competencies.
- Developed based on International Coaching Training Techniques with accumulated know-how in more than 10 years
- Mutual Practice Support, Supervision, Strengthen Coaching Techniques by the Practical Practice of Coaching and Feedback.
- The course for getting the CAC Certification of International Coach Alliance

Process Module

	Subject	Content
Module 1	Coaching and Coaching Leadership	Definition and Philosophy of Coaching, Coaching Benefits Understanding of Coaching Leadership
Module 2	Approval and Compliment	What are the Recognition and the Compliment? / Tips of the Recognition and Compliment Recognition of Strengths
Module 3	Active Listening Techniques of the Coaching	Mechanism of Active Listening, Client Oriented Listening and EDIT Empathic Listening
Module 4	Powerful Questioning Techniques of the Coaching	Powerful Question, Effect of Question, Types of Question Powerful Questioning Tips
Module 5	Dialogue Model of the Coachin	Understanding of the COACH Model Connection/ Outcome/ Awareness/ Chances/ Hands-on experience
Module 6	Coaching Tools	Coaching Agreement, Balance Wheel, Coaching Preparation Form
Module 7	Comprehensive Practice and Feedback	Coaching Report, Feedback Tips, Comprehensive Practice
Module 8	Becoming a Certified Coach	Coaching Ethics, Coaching Competencies, Coach Certification

Feedback and comment on the course

I've got confidence because, I could learn the Coaching Process quick and easy way. I have also found a goal to become a Professional Coach in near future by taking an advanced Coaching course further step by step. It's my first experience, I've never experienced anything so fun and exciting study like this so far in my life.

- Teacher in B middle school, OO Kim

The people who are learning Coaching together are truly passionate and live own life beautifully, so I was impressed and stimulated. I got so excited to think about to do something together with these people from now on. I'm just grateful. Sincerely, it makes sense to me that 'the value comes up if we really do together'.

- General Manager in H Public Enterprise, OO Park.

When I was hesitant about doing something new, I knew about Coaching and International Coach Alliance by chance. Since then, as I'm learning the Coaching for the first time, I got a positive desire about it and it is really encouraging me that I could continue the positive meeting with people who have studied together.

- K Counselling Centre, OO Hong.